英国式アフタヌーンティーの世界

国内のティープレイスを
訪ねて探る、
淑女紳士の優雅な習慣

藤枝理子

カバーを飾るティーセットは、ウェッジウッドの「フロレンティーン ターコイズ」。ギリシャ神話のグリフィンをモチーフとした伝統的かつ重厚なパターンは、アフタヌーンティー全盛期を迎えた19世紀後半、英国貴族の間で人気となり今も世界中で愛されています。

誠文堂新光社

Prologue

“五感で愉しむ生活芸術”
新しいアフタヌーンティーの世界へ
ようこそ

アフタヌーンティー。

その響きだけで、胸が高鳴り、ときめきの世界へ誘う魔法の言葉です。

日本のアフタヌーンティー人気は、紅茶の国のイギリス人も目を見張るほど。

なぜ、私たち日本人は、こんなにもアフタヌーンティーに惹かれるのでしょうか？

その理由のひとつに、英国のアフタヌーンティーと日本の茶道には、共通する〈茶の精神〉というものが背景にあるからではないかと考えています。

「総合芸術」ともいわれる日本の茶の湯。

それは、お茶をいただくことだけではなく、室礼（しつらい）や茶道具、日本料理、華道や香道、書道や装道、歴史や禅に至るまで、幅広い分野を学び、己の品性を磨き、高めるという崇高な「道」です。

アフタヌーンティーも実は同じ。いわば「英国流の茶道」です。

単に、美味しい紅茶とお菓子を味わうだけのグルメではなく、陶磁器や銀器、カトラリーやリネン、調度品のコーディネート、絵画、庭園、音楽まで、トータルで堪能する「五感で愉しむ生活芸術」なのです。

「茶の湯とアフタヌーンティー」。

このふたつには、一杯のお茶を単に飲み物として捉えるのではなく、その背景にある精神性にまで目を向け、文化に高めたという点で、通じ合うものがあります。だからこそ、私たち日本人は、こんなにもアフタヌーンティーに惹かれるのではないでしょうか。

私自身、日本の茶の湯も趣味として嗜んでいますが、お稽古を通じて感じることは、茶道や茶事の醍醐味は、壮大なる謎解きにあるということです。亭主が、掛け軸や花、香、器、茶菓子に仕掛け、託した謎をひとつひとつ解いていくうちに、茶会の趣向が浮かび上がってきます。謎を読み解くには、客側にも知識が必要となります。

アフタヌーンティーもこれと同じ。五感を研ぎ澄ませ、紅茶やお菓子、インテリアや家具、建築様式、茶器や銀器などに触れ、マダムが紡いだ物語を、見て・感じて・味わう、「上質で贅沢な体験」そのものです。その体験を味わい尽くすためには、やはりゲストの方にも知識が必要というわけです。

この本には、小さなＴｉｐｓをたくさん散りばめてみました。

まずは、知っているようで知らない、時に勘違いをされているアフタヌーンティーの歴史や秘密、エピソード、紳士・淑女の必須科目といわれるマナーやおもてなしについて、さまざまな角度からご紹介します。

そして、知識を学んだあとには、実際に「ときめきの時間」を体験できるよう、日本で巡ることができるおすすめティープレイスをご案内。

さらに、一流ホテルのシェフや、人気ティールームのオーナーたちから伝授していただいた秘蔵のレシピも公開しています。

知って、行って、作って、味わう、「アフタヌーンティーをとことん愉しみ尽くす」ための１冊です。

「心ときめくアフタヌーンティーの世界」へと誘う扉を開けてみてください。

Contents

Art de Vivre

生活芸術とは？

生活芸術とは暮らしの中にある美のこと。
フランス語でアール・ド・ヴィーヴルといいます。
日々の生活で出会う「衣」「食」「住」すべての物や出来事、
人との関わりを大切にし、感動や愉しみをシェアするという
素敵な暮らしの美学です。

第2章 ティールーム アフタヌーンティーの魅力

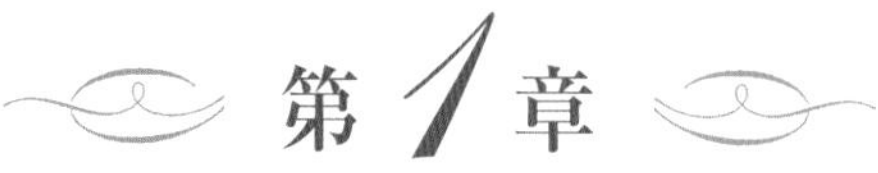

第1章

ホテル
アフタヌーンティーの
愉しみかた

第1章では、「ホテルアフタヌーンティー」の世界をご案内します。
英国式アフタヌーンティーといえば
ホテルへ行き、スリーティアースタンドを前にして
紅茶とティーフーズをいただくのが正式なスタイルと
考えているかたもいらっしゃるのではないでしょうか。
実は、このホテルアフタヌーンティーのスタイルが
確立されたのは20世紀に入ってからのこと。
19世紀、1人の貴婦人が考案し、瞬く間に広まった
アフタヌーンティーのスタイルを
ホテルの流儀で再現したものです。
ヴィクトリア時代の伝統を色濃く残した
英国伝統のアフタヌーンティー。
そのストーリーを紐解いていきましょう。

アフタヌーンティー誕生秘話

始まりは、貴婦人の空腹から

アフタヌーンティーの発祥は、19世紀ヴィクトリア時代のイギリス。7つの海を支配し「大英帝国」と呼ばれ最も華やかだった時代、ウォーバンアビーの館に暮らす、ひとりの貴婦人の空腹から始まりました。

女性の名はアンナ・マリア。第7代ベッドフォード公爵夫人という肩書を持つ名門貴族です。

1840年頃、当時の貴族の食事は1日2回主義。遅めの朝食をいただいたら、夜8時以降にスタートするディナーまで、何も口にすることがありませんでした。

そのうえ、当時の女性は「華奢でウエストが細いほど魅力的」とされ、コルセットで身体をぎゅうぎゅう締めつけ、重いドレスを身に纏(まと)って暮らしていました。

午後4時頃になると、空腹とコルセットの息苦しさで「憂鬱で気が滅入る」とよく口走っていたアンナ。

そこで、思いついたのが「秘密のひとりお茶会」。ベッドルームに紅茶とパンを運ばせ、くつろぎの時間を愉しむようになったのです。

秘密のお茶会から女性の社交場へ

社交家だったアンナは、この優雅な時間に友人たちを招待するようになります。天蓋付きのベッドを囲むようにひとり、またひとりとゲストが増えると、小さなティーテーブルにクロスを敷き、お気に入りの銀のティーポットを並べ、紅茶と一緒に手でつまめるプティフールも出すようになります。すると、おしゃべりにも花が咲き、居心地のいい時間はどんどん長くなっていきました。

アンナの夫であるフランシス・ラッセルは政治家でもあったため、館には訪問客が絶えませんでした。公爵が男性ゲストを引き連れ、森でハンティングやシューティングに興ずる間、アンナはご夫人がたをドローイングルーム（女性ゲストがお茶を愉しむための部屋）へと招き入れ、ディナーまでの時間をお茶会でもてなすようになります。それが、やがて華やかな社交の場へと発展していきました。

アフタヌーンティー発祥の部屋「ブルードローイングルーム」は今もなおウォーバンアビーの館に残されています。Woburn Abbey 公式ガイドブックより。

いつしか、この貴婦人の午後のお茶会は、「アフタヌーンティー」と呼ばれるようになったのです。

アフタヌーンティーを考案したあの貴婦人に見覚えはありませんか？

アフタヌーンティーを考案した貴婦人、第7代ベッドフォード公爵夫人アンナ・マリア。みなさまもきっと、一度はどこかでお会いしたことがあると思います。どこだと思いますか？

正解はペットボトル。「キリン 午後の紅茶」のラベルに、大きな羽根のついた帽子をかぶった貴婦人の絵が描かれていますよね。それがアンナです。「午後の紅茶」＝「アフタヌーンティー」を考案した女性として、デザインのシンボルに使われているのです。

キリンビバレッジ株式会社から1986年に発売されたロングセラー商品「キリン 午後の紅茶」。ラベルに描かれた貴婦人が、アフタヌーンティーの考案者アンナです。

写真提供 Clerkenwell Boy EC1

時のインフルエンサー、ヴィクトリア女王からアフタヌーンティーが大流行

19世紀半ば、アンナが考案し貴族の間に広まったアフタヌーンティー。その優雅な習慣は、特権階級を中心とした一部のソサエティの中で催されるものでした。それを世に知らしめたのは、女王ヴィクトリアです。

アンナは女王陛下が18歳で即位した際、英国王室の女官（Lady-in-waiting）を務めていました。宮廷に仕える女官に選ばれることは、貴族社会においては非常に栄誉なことでした。

１８４１年、新婚のヴィクトリア女王とアルバート公は、アンナが暮らすウォーバンアビーの館を訪問します。そこで受けたアフタヌーンティーのもてなしに感銘を受け、女王は新婚生活の中にも午後のお茶の習慣を取り入れるようになります。

やがて、王室主催の行事としても茶会が用いられるようになると、それまでヴェールに包まれていた貴婦人たちの優雅な習慣「アフタヌーンティー」の姿が明らかとなり、階級を越えて広まったのです。

なかでも、当時急速に台頭してきたミドルクラス（中産階級）は、このハイソサエティの象徴ともいえるアフタヌーンティーに飛びつきました。称号は持っていないけれど、産業革命によって経済力をつけた新興層の彼女たちの憧れは、貴族さながらの上質な生活。庭付きの家や銀のティーセットは手にしたものの、ティーパーティを開く術がありません。そこで頼りにしたのが書籍でした。「上流階級の正式なティータイムのエチケットとは？」「紅茶を美味しく淹れるゴールデンルール」などの特集が組まれた本が飛ぶように売れたといいます。それらを熱心に読みふけってはアフタヌーンティーの真似事をするようになっていきました。

ホテルアフタヌーンティーの登場

ヴィクトリア時代後期、その憧れのスタイルを再現し、取り入れたのがロンドンのホテルです。豪華な邸宅や何人もの使用人に代わり、ホテルに足を運べば、美しい調度品に囲まれながら、給仕人からアフタヌーンティーのサービスを受けられるようになったのです。

20世紀に入ると、現在私たちがイメージする、シルバーの3段スタンドにサンドイッチ、スコーン、ペイストリーが並ぶアフタヌーンティーのスタイルが誕生します。誰もが気軽に「貴婦人のお茶時間」を愉しむことができるホテルアフタヌーンティーは、瞬く間に大人気となりました。

なかでも「一度は訪れてみたい憧れのティープレイス」と呼ばれたのが「ザ・リッツ・ロンドン」です。

アフタヌーンティーのドレスコード

憧れのリッツへ足を踏み入れるからには、ゲストにも紳士・淑女の品格が求められます。そんなフォーマルな場で気になるのがドレスコードです。

アフタヌーンティーが発祥した初期の頃から、フォーマルなお茶会にはドレスコードがありました。

貴婦人方はティーガウンを身に着け、館を訪問する時には三種の神器ともいえる「帽子・手袋・パラソル」を携えることがアッパークラス（上流階級）の階級指標でした。

現代のドレスコードは？

装いは大切なマナーですが、時代によって変化するもの。21世紀の現在、ドレスコードはカジュアル化の傾向にあります。

王室主催のガーデンティーパーティなど特別な席においては、男性はモーニングにシルクハット、女性はアフタヌーンドレスに帽子というコードがありますが、ホテルでのアフタヌーンティーでは特に指定はないところがほとんどです。

とはいえ、格式あるホテルに行くなら、ＴＰＯに合わせ、スマートでエレガントな装いを心掛けたいものです。

男女ともに品格を左右するのが足元です。女性はヒールのあるパンプスを選び、カジュアルなサンダルやブーツは、できれば避けたいところ。

また、靴を脱ぐ習慣のない英国でも素足は控えるのがマナー。肌色に近い薄手のストッキングを着用します。茶道でも洋装で茶室に入る際には、白靴下を持参しますよね。清潔な靴下に穿き替えることで、お招きいただいた相手への敬意を表すとともに、日常の雑念を脱ぎ捨てるという意味があります。

気品は足元から。世界共通のマナーです。

女性のアフタヌーンティードレスコード

肌の露出は抑えめに。胸元も開け過ぎず。

男性のアフタヌーンティードレスコード

ジャケットとタイを着用。

column

イギリス紅茶留学体験記

「まずはリッツでお茶をしましょう！」

今から20年以上前、本場の紅茶を学ぶためにイギリスへ渡り、ホームステイをしました。ステイ先のマダムが、最初に連れていってくれたのが「ザ・リッツ・ロンドン」です。

英国王室御用達の最高級5つ星ホテル。そのドローイングルーム「パームコート」には100年の歴史があり、伝統と格式を誇る英国のアフタヌーンティー文化を象徴する存在です。

ロンドンの数ある一流ホテルの中で、なぜリッツなのかをたずねると、「リッツにはね、他にはない独特の品格というものがあるの。そして、ドレスコードもね」。リッツには服装規定があり、宿泊客に限らず、アフタヌーンティーに訪れる際にも必要だといいます。「特に男性には厳しくて、ジャケットとタイ着用が義務付けられているの。旅行者用にと貸し出し用のタイが何十本も用意されているのよ」。それは大変と私が服装選びに戸惑っていると、マダムが指差したのは、襟元が詰まった柔らかな素材の淡いブルーのワンピースでした。

予約は午後3時。豪華なシャンデリアが煌めき生演奏のハープが流れるなか、燕尾服を身に着けた給仕人がサービスをし、正装した紳士・淑女がアフタヌーンティーを愉しむ姿は、まるでヴィクトリア時代にタイムスリップしたかのよう。今でも忘れることができない光景です。

それから20年、リッツのアフタヌーンティー人気は衰えるどころか加速し、時間制限を導入し回数を増やすなどしても、年々予約が取りにくくなっているようです。あいにくオンラインが満席という場合も、あきらめずコンシェルジュを通したり、丁寧にお手紙でお願いしたりすると配慮してくださることもあります。

伝統を色濃く受け継ぎ、英国貴族も愛した空間、「パームコート」。ロンドンへ行くならぜひ「リッツでお茶を」。エレガントの極みを体感してみてください。

写真提供 Clerkenwell Boy EC1

ザ・リッツ・カールトン大阪

ザ・リッツ・カールトン大阪で正統派英国式アフタヌーンティーを

英国貴族の邸宅スタイルを余すところなく再現

「ザ・リッツ・ロンドン」の正統派アフタヌーンティーを味わってみたい。でもイギリスにまで行くのはちょっと……。そんな想いを叶えてくれるのが日本にある「ザ・リッツ・カールトン」です。

現在、東京、大阪、京都、日光、沖縄の5か所にあり、いずれの場所でもアフタヌーンティーを愉しむことができます。

なかでも、ザ・リッツ・ロンドンのイメージを最も継承しているのは「ザ・リッツ・カールトン大阪」の「ザ・ロビーラウンジ」でしょうか。

優雅な動作が美しいドアマンにエスコートされるメインエントランスの扉は、その奥に広がる瀟洒（しょうしゃ）な世界へと誘います。背筋がピンと伸びるような雰囲気を湛えているところもザ・リッツ・ロンドンに似ていて気持ちが高まります。

英国貴族の邸宅を再現した館内は、重厚なジョージアンで統一され、空間全体が芸術品のようです。

イギリス人にとってジョージアンスタイルの家は成功者の証し。知的なアッパークラス（上流階級）が好んで取り入れるスタイルで、ミドルクラス（中産階級）にとっても、豊かさの象徴です。

ぜひ、英国貴族の邸宅に招かれた貴婦人になった気分で愉しんでみてください。

写真提供 ザ・リッツ・カールトン大阪

一目散にラウンジを目指す、その前に

心待ちにしたアフタヌーンティー。ホテルに足を踏み入れるや否や、一目散にザ・ロビーラウンジへ直行し

たくなりますよね。でも、しばしお待ちを。最初に、アフタヌーンティーは紅茶とお菓子を愉しむだけのものではないということをお話ししました。席に着くまでの時間は、いわば「前奏曲～プレリュード～」。五感を研ぎ澄ませながら「生活芸術」を堪能するのがアフタヌーンティーの真骨頂です。

立ち止まって眺めたいエントランスのチャイナキャビネット。

館内に入ったら、一度立ち止まり、まずは深呼吸して全体を眺めてみてください。

館のあちらこちらに飾られた調度品や美術品を存分に鑑賞しましょう。それがアフタヌーンティーに招かれたゲストとしてのマナーでもあるのです。

必見！ チャイナキャビネットに飾られた陶磁器コレクション

英国貴族の館でのアフタヌーンティーに招かれたら、絵画や室内装飾品が飾られている通路を通り抜け、ドローイングルームへと進みます。その空間は単に長い廊下というわけではなく、その家の格や歴史を物語るロングギャラリーと呼ばれる重要な場所。素通りしてはいけません。

ザ・リッツ・カールトン大阪でも、メインエントランスを抜けるとまさにロングギャラリーのような空間が広がっています。

リッツ流のおもてなしに「素晴らしい美術品を集めることは、もうひとつの我が家を提供するうえで必要不可欠なこと」という精神があります。

チャイナキャビネットの中に並ぶのは、貴族の館でよく目にする、英国名窯のシノワズリパターンの数々。

その言葉通り、ザ・リッツ・カールトン大阪には18世紀から19世紀にかけてのヨーロッパの絵画を中心に、450点にも及ぶ美術品がいたるところに飾られており、まさに貴族の館を彷彿とさせます。ここは、美術館を歩くつもりで絵画や調度品をゆっくりと堪能しましょう。

なかでもチャイナキャビネットは必見。大変貴重だった陶磁器（チャイナ）のコレクションを飾る棚で、当時の貴族にとってのステイタスシンボルです。

ガラスの奥には、英国貴族好みの伊万里を模したアンティーク陶磁器がさりげなく飾られています。

足元に目をやるとそこには煌びやかな大理石が敷き詰められています。しっかり踏みしめて、靴の当たるコツコツとした音や感覚を味わってください。また、女性用のパウダールームにあしらわれたフェミニンなピンクの大理石も、本家ザ・リッツ・ロンドンを想起させます。

このように、普段は見過ごしてしまう場所にまで目を向けることも「アフタヌーンティー道」のひとつです。

見事なマントルピースにペルシャ絨毯。ジョージアンスタイルの重厚なインテリア。これぞ英国貴族の館、と感じさせるメインロビー。

心ゆくまで味わいたい建築美学とモチーフ

ザ・ロビーラウンジに到着したら、クラシカルなインテリアがあなたを出迎えてくれます。まずは、ミルワークと呼ばれる壁木の装飾デザインに注目してみましょう。ジョージアンの時代に貴族が好んだマホガニー材がふんだんに使われています。アンティーク塗装が施された木材を使い、丁寧に造りこまれたデンタルクラウンやチェアレールが一体となり、空間全体に重厚感を与えています。

これだけ贅を尽くした英国スタイルのホテルは、今後日本で造られることはないかもしれない。そう思うと、ザ・リッツ・カールトン大阪でのアフタヌーンティーがいかに意義深いものであるかと改めて感じるのです。

室内装飾は英国貴族が好むスタイルそのもの

次に家具や調度品を見ていきましょう。テーブルにはクロスを掛けず、あえて表面のインレイワーク（象嵌）を見せていますが、これも伝統的な英国スタイル。イギリス人にとって家具はファミリーの歴史であり、何世代にも渡り受け継がれていくもの。磨き込まれたテーブルトップのパティナ（時代を経て使いこまれた古艶）を隠してしまうなんてもったいないと、あえてクロスを掛けず木目を愛でられるようにしているのです。

最後に、室内装飾のファブリックにご注目。カーテンにはダマスク織りの生地をたっぷり使い、バランス（上飾り）や繊細なパスマントリー（縁飾りの房）が施され、共布で作られた壁のクロスには、厚

フォーマルなアフタヌーンティーの席にふさわしい、ローテーブルとソファー。

アフタヌーンティーをいただく「ザ・ロビーラウンジ」。クラシカルなインテリアと豪華なシャンデリア、生演奏が流れる中でのアフタヌーンティーは本家ロンドンの「ザ・リッツ・ロンドン」を彷彿とさせます。

みのあるコットンが裏打ちされています。

このような細部に至るまでのこだわりは、知的な英国貴族が好むスタイルそのもの。貴族の館に流れる美学が表現されていることに、感銘を受けます。時を経て古くなるほどに趣が深まるところに価値を見出すのは、イギリス人と日本人の共通した志向かもしれません。

さて、いかがでしたでしょう。

リッツ・カールトンがお客様のために施し散りばめた「おもてなしの意味」を知ることで、いつものアフタヌーンティーがより贅沢で上質な体験に思えてきたのではないでしょうか。

アフタヌーンティーの体験は、単にお茶をいただくだけではなく、もてなす側が趣向を凝らして準備した思いや意味を理解することで、より味わい深いものになります。

それは、日本の茶道と相通じるものがあると感じるのです。

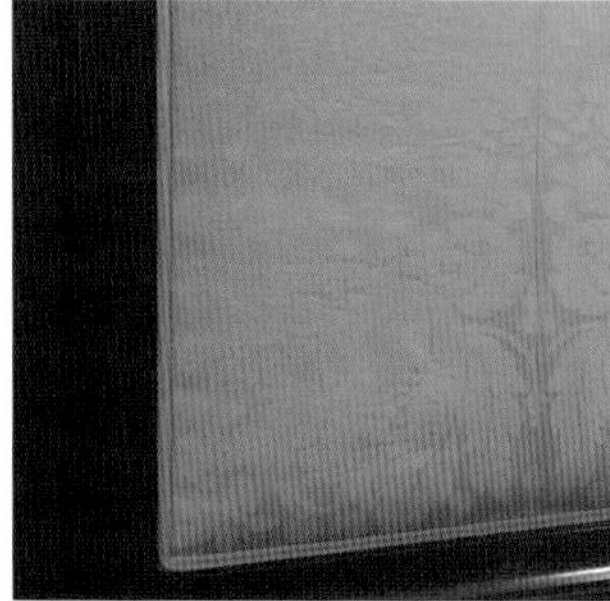

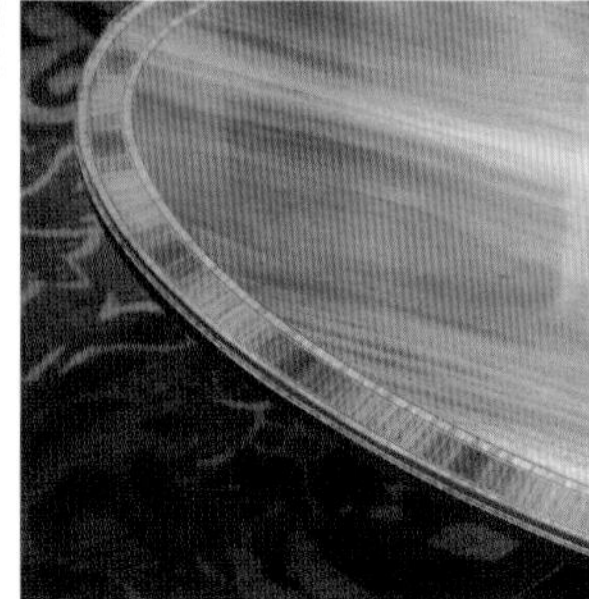

コットンが裏打ちされた壁やカーテンにあしらわれたパスマントリーは英国スタイルのインテリア好きには見逃せないポイントです。木目と木の艶を愛でられるよう、テーブルにはあえてクロスを掛けないスタイルも英国流。

ティーセレクションが充実しているのも、ザ・ロビーラウンジの特徴。手摘みされた「オーガニックダージリン」や「オーガニックアールグレイ」、「ザ・リッツ・カールトン大阪オリジナルブレンド」、ハーブティー、中国茶などを揃えています。

ザ・ロビーラウンジ

大阪

Welcome to Wedgewood Afternoon Tea／1人分／価格はメニューにより変更。通常メニューは6,900円（税込）

時間	120分制
茶器	シーズンやメニューごとに変更。写真の茶器は、夏の特別企画で登場したウェッジウッドの「セイラーズ フェアウェル」
フーズ	セイヴォリー4種、スイーツ5種、スコーン
ジャム	メニューによって変更
クロテッドクリーム	おかわり可（無料）
紅茶	紅茶21種、ハーブティー7種、中国茶3種、コーヒー1種から1つセレクト。主なメーカーは「ロンネフェルト」「アートオブティー」「ウェッジウッド」。ポット（ジャグはリクエストで可）サービス有り。おかわり可
ミルク	高温殺菌。冷やしたミルクで提供。リクエストにより温め可
HP	https://lounge.ritzcarltonosaka.com/ メニュー内容、システム、価格、時間などは変更あり。詳細はHPで確認してください。

Recipe

ザ・リッツ・カールトン大阪の初代レシピを特別公開

プレーンスコーン

【材料】作りやすい分量

バター（食塩不使用）…120g
グラニュー糖…96g
全卵…50g

A 薄力粉…624g
ベーキングパウダー…24g

牛乳…250g
つや出し用卵液
・全卵…適量
・牛乳…適量

【下準備】

●バターを室温に戻す。

●Aをふるい合わせる。

●オーブンを180℃に予熱する。

●つや出し用の卵と牛乳を混ぜる。

【作り方】

1 ミキサーのボウルにバターを入れてクリーム状になるまで混ぜる。グラニュー糖を加えて、白っぽくなるまで混ぜる。

2 1に卵を加えて、よく混ぜる。Aを加えて、さらに混ぜ合わせる。

3 ミキサーを回しながら牛乳を加えて混ぜる。ここで練りすぎないこと。

4 生地を取り出し、ひとまとめにしたら、バットに入れる。ラップをかけ1時間ほど寝かせる。

5 打ち粉をした台に4をのせ、めん棒で1.5cm厚さの正方形に伸ばし、3つ折りにする。生地の向きを変えて再度3つ折りにする。

6 5を直径3.5cmのセルクルで抜いて、ひと晩冷凍する。このとき余った2番生地は、ホテルでは使い回さないが、ご家庭では生地をまとめて天板の隅で焼いてもよい。焼く前に解凍する。

7 天板の上に6を並べる。焼いている間に形が崩れないようにひと回り大きいセルクルをかぶせる。180℃に予熱したオーブンで15分焼く。焼き加減をみながら途中で190℃にする。セルクルは冷めてからはずす。

8 表面につや出し用の卵液をハケで塗る。

Recipe

レーズンスコーン

プレーンスコーンよりも甘く
お菓子に近いレシピ

【材料】

直径約4cmのもの。作りやすい分量

バター（食塩不使用）…150g
グラニュー糖…120g
全卵…112g
レーズンのラム酒漬け
（ホテル自家製）…適量
塩…2g

A 薄力粉…500g
ベーキングパウダー…32g

生クリーム（乳脂肪分38％）…100g
つや出し用卵液
・全卵…適量
・牛乳…適量

【下準備】

●プレーンスコーンと同じ。

【作り方】

1 プレーンスコーンの1と同じ。
2 1に全卵を加えてよく混ぜ、さらにミキサーを回しながらレーズンのラム酒漬けと塩を加えて混ぜる。レーズンがバターによくなじんだらAと生クリームを加えて、さらに混ぜ合わせる。
3 4から8までプレーンスコーンと同じ。

Memo

◆生地を３つ折りにする時は手早く。グルテンが出ないよう押しつけないように。ホテルでは、この作業はかなりの経験者が担当します。
◆いちごジャムは、スコーンやクロテッドクリームとベストなバランスになるように、あるメーカーのものに加水し、フランボワーズを加えてさっぱりとした風味にアレンジしています。
◆スコーンの美味しいリベイク方法。電子レンジで30秒温めたら、オーブントースターで1分加熱。アルミ箔、霧吹きは必要ありません。

ザ・リッツ・カールトン大阪

今回、掲載されたスコーンのレシピは、初代シェフが香港の「ザ・リッツ・カールトン」で研修を受けて以来、代々、受け継がれてきたもの。

しっとりした食感が特徴で、多くのお客様に愛されてきました。

実は、今回の取材から数か月後、スコーンのレシピが変わると伺いました。

長年愛され続けてきたスコーンの味をぜひ残したいとの思いから、本書で、レシピを紹介することとなりました。

ぜひ、作って楽しんでください。

もちろん、新しいスコーンの味も、今から楽しみでしかたありません。

日本の紅茶史と国内アフタヌーンティーの誕生

「船底の緑茶が発酵して紅茶ができた」は本当？

紅茶誕生秘話として、こんな話を聞いたことはありませんか？

昔、中国からヨーロッパへ船で緑茶を運んでいる途中、船底のあまりの暑さでお茶が発酵してしまい、港に着く頃には紅茶になっていた……。このよく知られたエピソードは実は誤り。紅茶は長い歴史の中で、人の手によって創意工夫され、作り出された産物です。

紅茶も緑茶も烏龍茶も、同じ木から作られた兄弟同士。誕生の順番は、緑茶⇒烏龍茶⇒紅茶で、紅茶は末っ子的存在です。

唐の時代まで、お茶といえば不発酵茶の緑茶でした。明の時代に入ると、烏龍茶の名で知られる半発酵茶が作られるようになります。

お茶のルーツは中国にあり

日本のアフタヌーンティーはどのようにして始まったのでしょうか。誕生ストーリーを語る前に、まずは紅茶のルーツを探ってみましょう。

イギリスは紅茶の国というイメージが強いからか、紅茶発祥の地と思っているかたも少なくないのですが、実はお茶の起源は中国にあります。

中国の伝説によると、お茶の誕生は紀元前2700年頃。「医薬の神様」とも呼ばれる炎帝神農が発見した一枚の葉っぱから始まります。

中国最古の薬物書『神農本草経』によると、神農は1日72の毒に当たりながらも、お茶の解毒作用を用いて研究を続けたとあり、お茶は古来から薬として位置づけられていたことがうかがえます。

清の時代になり、英国との交易が始まると、特有の硬い水、砂糖やミルクとの相性などの理由から、より発酵の強いお茶が好まれるようになりました。

そして、茶師たちによる試行錯誤の末、18世紀に入って完全発酵茶である紅茶が誕生したのです。

平安時代、最澄が日本にお茶をもたらす

日本にお茶がもたらされたのは平安時代のこと。804年、遣唐使として中国に渡った最澄が、茶の種を持ち帰り、比叡山の麓に蒔いたのが日本茶の起源とされています。緑茶を飲む習慣は長い時間をかけて普及していき、安土桃山時代には、日本独自の文化として、千利休により「茶の湯」が確立します。

日本の紅茶史が始まるのは、茶樹伝来から千年もの時を経た文明開化の時代。明治20年（1887年）、外国産紅茶100kgが輸入されたのが始まりです。恐らくイギリスからインド産紅茶を輸入したと思われますが、正式な記録が残っておらず断定はできません。

「舶来品のハイカラ飲料」として、鹿鳴館や長楽館などを中心に紳士・淑女の間で少しずつ広がっていきました。

明治39年（1906年）、明治屋がリプトン・イエローラベルの輸入をスタート。ただし、有産階級の贅沢品という位置づけで、戦争中は外国産銘柄紅茶の輸入は禁止され、市場から姿を消します。

戦後、駐留外国人用として再び輸入が認められますが、「紅茶はリプトンに限る」「輸入業者は明治屋や大丸百貨店のみ」などの厳しい規制があったため、密輸や米軍基地からの流出など、闇ルートも存在したようです。

日本の紅茶史の転換期

昭和46年（1971年）、日本の紅茶史は大きな転換期を迎えます。この年、紅茶の輸入が自由化されたのです。

高度経済成長とともに日本人のライフスタイルが変化。朝食はダイニングテーブルで紅茶とパンという光景が珍しくなくなり、食卓にはリプトンや日東紅茶などの黄色いラベルに赤いロゴのティーバッグが並ぶようになります。

ティータイムには紅茶とケーキが登場し、ミルクやレモン、砂糖を入れた「お紅茶」でお客様をもてなすスタイルが定着していきます。

昭和50年代に入ると、紅茶のギフト市場が活性化。贈答用としてトワイニングの色とりどりのティーバッグ

詰め合わせやメルローズの陶磁器のティーキャディー、フォションのゴールドのリボンと包装紙に包まれた紅茶缶などが流行しました。

本来コーヒーを淹れるカフェティエールという器具にティーサーバーという名がつけられ、喫茶店などで紅茶をサーブする器具として登場したのもこの頃。砂時計とともに登場するティーサーバーが、紅茶の原風景として記憶に残っている方も多いのではないでしょうか。

こうして、生活スタイルや食の西洋化とともに、日本の紅茶ブームが始まったのです。

昭和バブル期にアフタヌーンティーがトレンドとなる

昭和60年代、日本がバブル期を迎える頃、ついにアフタヌーンティーが注目を集め始めます。「フォートナム・アンド・メイソン」や「ローラ・アシュレイ」などの英国系ティールームが「シルバーの3段スタンド」というアイコンを高々と掲げて、〝優雅なティータイム〟というイメージを確立。

ウェッジウッドのワイルドストロベリーやロイヤルアルバートのオールドローズなどのティーセットでアフタヌーンティーをすることが、海外駐在帰りのマダムたちを中心としてトレンドになっていきます。

平成の幕が上がると、外資系ホテルが次々とオープンし、開業の目玉としてアフタヌーンティーメニューを取り入れるようになります。この時期になると、海外旅行でアフタヌーンティーを体験したOL層が急増し、若者にも人気が拡大、本格的なブームとなります。時勢に乗って日系ホテルも続々と後を追い、レベルも格段にアップしていきました。

以降、令和の現在に至るまで、それぞれのホテルが個性を競い合い、和と洋を融合させた日本らしいオリジナリティ溢れるアフタヌーンティーへと発展を遂げました。今なお変容しながら進化を続けています。

18世紀のお茶会で使われていた鍵付きのティーキャディー。

ホテル
椿山荘東京

東京初ホテルアフタヌーンティー誕生の地を訪れる

流行に敏感な女性たちがいち早く詰め掛けた

今や一大ブームとなっているアフタヌーンティーですが、これをいち早く取り入れ、ブームを牽引してきたのが、「ホテル椿山荘東京」の「ル・ジャルダン」です。

藤田観光（株）は平成4年（1992年）に国際的ホテルチェーン、フォーシーズンズ・ホテルズ&リゾーツと提携し、アジア進出第一号となる「フォーシーズンズホテル椿山荘 東京」を開業しました。

オープンと同時に東京のホテルで初めて英国式アフタヌーンティーを取り入れたのがル・ジャルダンなのです。

バブル景気に踊る東京にあっても、外資系ラグジュアリーホテルは珍しい存在。優美さを絵に書いたようなル・ジャルダンのアフタヌーンティーは瞬く間に話題となり、流行に敏感な女性たちが殺到。当時流行していたポケベル20個が、待ち時間に呼び出し用ベルとして常時フル回転するという光景が、この場所で繰り広げられていました。

開業時を知るシェフに聞くホテルアフタヌーンティー事始め

ホテルのシンボルともいえる三重塔「圓通閣」や深い緑を眺めながらのアフタヌーンティーは、非日常感があり愉しい。

日本にいながらイギリスの雰囲気を味わえるル・ジャルダンには、私も足繁く通ったものです。いまだ強く印象に残っているのは、正統派イングリッシュスコーンとの出会いです。

当時、スコーンといえば、フワフワのパンタイプが主流でしたが、ここで出てきたのは、外はカリッと中はふんわりとした英国スタイルのスコーン。しかも、添えられていたのは生クリームではなく「デ

ロビーには、いかにも英国貴族好みの壺やチャイナキャビネット、屏風などが飾られています。邸宅に招かれたつもりで愉しんで。

ヴォンシャークリーム」というオリジナルクリームだったのです。国産クロテッドクリーム誕生前、なんとクレーム・ドゥーブル（乳脂肪分50％の高脂肪クリーム）にはちみつを練り込んで作っていたというから驚きです。

なぜ、あの時代にそこまで本格的な英国式アフタヌーンティーを生み出すことができたのか。ル・ジャルダンのオープン当時を知るペイストリー調理長高木厚志さんに話を伺いました。

「当時はフォーシーズンズグループと経営を共にしていたので、カナダの本部から届いたアフタヌーンティーメニューをもとに外国人のシェフと協力しあってレシピ開発に取り組みました。アフタヌーンティーのことは何となくしか知らなかったので、書籍を調べたり、人に聞いたりして一から研究しました。当時は寝食を

胸ときめかせてかけつけた開業時の面影を残すエントランス。

どこか東洋趣味の香りが漂う鮮やかなグリーンのローテーブル。

忘れるほど必死でしたね」

実は高木シェフ、この本の取材を受けるにあたり、改めてホテルのアフタヌーンティー史を振り返ってみようと、当時の社員に連絡をとって聞き取りをしたり、部下の方と手分けをしてお客様がブログにアップした写真をチェックしたりしてくださったそう。

「面白いことに平成9年（1997年）頃からの写真が多くアップされているんです。おそらくデジカメと携帯電話のカメラとブログが盛り上がるタイミングなんですよね。思えば、それと共にアフタヌーンティーの認知度も上がり、アフタヌーンメントを起こしたと思います」。そう言いながら、分厚いレポートを見せてくださいました。

アフタヌーンティーを始めたばかりの頃に使われていた陶器のティーストレーナー。高木シェフが探し出してきてくれました。

2013年、ホテル椿山荘東京へとリブランドしたことで、ホテルのアフタヌーンティーに転機が訪れます。創業当時からの枠組みがなくなり、自由な発想でメニューを考えることができるようになったのです。「東京のアフタヌーンティー文化のパイオニアとして、伝統を守りつつも進化するべく、お客様の反応を見ながらメニュー開発を繰り返しました。フランス菓子や英国菓子にとらわれることなく日本酒や抹茶などの和の食材を取り入れたり、今では多くのホテルが実施している異業種ブランドとのコラボレーションメニューに挑戦したりしています」

徹底して調べ、研究する。この探究心と前向きな姿勢が、オープン当時から今なお、人気ナンバーワンアフタヌーンティーとして、不動の地位を誇る理由なのだと実感しました。

これは老舗茶園「辻利兵衛本店」とのコラボレーションメニュー。緑茶の繊細な旨みを生かすべく何度も試作を繰り返しました。コラボレーションする企業はどこもこだわりのあるところばかりなので、毎回熟考するそう。

Recipe

プレーンスコーン

外はカリッ、中はフワッの本格的なイングリッシュスコーンの食感が魅力

【作り方】

1 ボウルにAを入れ、泡立て器で白っぽくなるまで混ぜる。

2 1に溶いた卵を少しずつ加えて混ぜる。生クリーム、合わせたBをそれぞれ2〜3回に分けて交互に加え、泡立て器で均一になるまで混ぜる。

3 2をひとまとめにしてラップで包み、冷蔵庫で1日寝かせる。

4 3をめん棒で1.6㎝の厚さに伸ばす。セルクルの内側にバター(分量外)を塗り、直径5.5㎝のセルクルで抜く。

5 オーブンを180℃に予熱する。4の上面に溶き卵を塗る。天板に並べ、予熱したオーブンで25分焼く。

【材料】直径5.5㎝のセルクル型10個分

A バター…100g
グラニュー糖…100g

全卵…50g
生クリーム(乳脂肪分45%)…150g

B 強力粉…200g
薄力粉…160g
ベーキングパウダー…12g

全卵(溶き卵)…適量

【下準備】

●バターは室温に戻す。

Memo

◆生地は一番生地のみ使用。
◆シンプルなクロテッドクリーム、山椒をブレンドしたもの、煎茶ジャムで楽しみます。
◆スコーンの美味しいリベイク方法。電子レンジで30秒温めたらオーブントースターで1分加熱。アルミ箔、霧吹きの必要はありません。

紅茶こぼれ話

ホテル椿山荘東京

誰が淹れても味が安定するよう、バックヤードには各茶葉に対応した淹れ方マニュアルがあります。

日本に数ある紅茶専門店の中で、個人的に最も美味しいと思っているのが「リーフルダージリンハウス」です。ただし、茶葉の値段も相応で、特別な日にいただく〝スペシャルティー〟です。

ル・ジャルダンのティーセレクションには何とリーフルの紅茶が入っています。何杯でもいただけるアフタヌーンティーメニューにおいて、リーフルのダージリンを採用するとは！　ここにもホテルのホスピタリティの高さと信念が感じられます。

「正直、コスト面は悩ましいけれど、味が格別という理由でスタッフが選んでいるんです。彼らに伝えたら喜ぶと思いますよ」と誇らしげな高木シェフ。

アフタヌーンティーの紅茶メニューに、リーフルの秋摘みと夏摘みの2種あるのも嬉しいところです。

ひと口飲むたびに口の中に優雅な味わいが広がる贅沢な紅茶。ぜひ、みなさまも味わってみてください。

ル・ジャルダン　東京　Afternoon tea ／ 1人分／ 4,950円（税込）

時間	120分制
茶器	ノリタケの「花更紗」
カトラリー	ノリタケシルバー
フーズ	セイヴォリー4種、スイーツ4種、プレーンスコーンともう2種のスコーン
ジャム	1種
クロテッドクリーム	プレーンのクロテッドクリームと季節のクロテッドクリーム
紅茶	リーフル3種、デコラージュ8種、ロンネフェルト9種。約20種類から選ぶ。「アイリッシュウイスキー」と「グリーンティーマスカット」が人気。茶葉変更可。ポットでのおかわり、ジャグサービス（差し湯）はリクエスト可
ミルク	低温殺菌牛乳。冷たいまま提供。リクエストにより温め可
HP	https://hotel-chinzanso-tokyo.jp メニュー内容、システム、価格、時間などは変更あり。詳細はHPで確認してください。

テイクアウトのアフタヌーンティーも好評です。

英国式ホテルアフタヌーンティーはフランス菓子がフォーマルスタイル

ティーパーティーは「茶会」、ティーセレモニーは「茶事」

みなさまは、疑問に思われたことはないでしょうか？「アフタヌーンティーはイギリスの文化なのに、ホテルアフタヌーンティーのスイーツはなぜフランス菓子なのかしら？」と。日本のホテルだけでなく、イギリスのホテルでアフタヌーンティーをいただいても、並んでいるのは小ぶりのフランス菓子が中心です。

イギリス菓子というと、ティータイムに欠かせないヴィクトリアサンドイッチやキャロットケーキなど、素朴な焼き菓子をイメージされると思いますが、ことアフタヌーンティーに関していうと、イギリス菓子ではなく繊細なフランス菓子が好まれます。その理由を探ってみましょう。

最初に、アフタヌーンティーは「英国流の茶道」であるとお話ししましたが、茶道でいう「茶会」と「茶事」の違いは、アフタヌーンティーにも存在します。

「茶会」と「茶事」は似ているようでまったく別もの。「茶事」というのは、フルコースのおもてなしです。亭主が招待状を書くところから始まり、ごく少人数の客を招き、懐石・主菓子・濃茶・干菓子・薄茶と、二刻（4時間）にかけて行う格式高いおもてなしのことです。

一方、「茶会」は茶事の一部分を切り取って略式化したもの。薄茶と茶菓子、濃茶と点心など、コース料理の一部を切り取ったアラカルトのスタイルで、大寄せの茶会ともなると、入れ代わり立ち代わり何百人も参加することもあるカジュアルな会です。

英国式アフタヌーンティーにも、同じようにコード（規範）の違いがあります。

ヴィクトリア時代、「茶会」にあたる大きなアフタヌーンティーパーティーは、男女問わず一度に何十人ものゲストを招き、紅茶のほかコーヒーやお酒も提供し、ゲストが立食のビュッフェスタイルで好きなように動き回りながら社交を行う場でした。接待はあくまでも館の女主人であるマダムが中心ですが、ひとりでは対応が困難なため、執事や使用人の手も借りて行われました。

一方、「茶事」にあたるのがフォーマルスタイルのアフタヌーンティーです。堅苦しさを感じるような繊細な約束事もあり、「ティーセレモニー」とも呼ばれます。「茶事」同様、インビテーションカードを用意し、少人数のゲストを招き、ウェルカムドリンクからスタート。数種の紅茶、サンドイッチ、ペイストリーに至るまで、たっぷりと2～3時間かけて行うフルコースのおもてなしです。ティーセレモニーのゲストは、原則として女性のみ。マダム自らが紅茶やティーフーズを振る舞います。これも「茶事」と同じで、お招きを受けること自体がとても栄誉なこと。そのソサイエティに認められた証しなのです。

腕のいいフランス人シェフは引っ張りだこ

茶事もティーセレモニーも、共通するのは「主客一体」という精神。招く側と招かれる側、双方が一体となって心地のよい時間と空間を作り上げます。

アフタヌーンティーにおいて、ゲストが楽しみにしていることのひとつにティーフーズがあります。

なかでも、注目されたのがペイストリーです。なぜなら、ペイストリーの質はシェフのスキルが一目瞭然。その家の財政事情までもが見え隠れしていたからです。

ヴィクトリア時代、裕福な貴族の間では、フランス人の男性シェフを雇うことがステイタスでもありました。美食家の貴族たちは、クラシカルな英国料理の中にも、世界一美味しいといわれるフレンチテイストを求めたのです。

アフタヌーンティーのティーフーズといえば、現在はサンドイッチ・スコーン・ペイストリーが定番ですが、発祥の初期の頃にはスコーンは登場せず、セイヴォリーはバター付きのパンやサンドイッチ、ペイストリーはタルトやケーキという組み合わせでした。

どちらも手でつまめる小ぶりなフィンガーサイズが基本。女性の小さな口でもひと口で食べられるようにという配慮からです。

特にペイストリーは、宝石のように華奢で繊細なフランス菓子が最高とされ、裕福な貴族たちはアフタヌーンティーのために専属のペイストリーシェフを雇っていたくらいです。

料理人の報酬は性別やスキルによって細かく分かれていて、マダムの無理難題にもスマートに応える腕のいいフランス人シェフは引っ張りだこ。引き抜きや奪い合いなどもあり、当然、年俸も破格でした。

そこまで余裕のない貴族は、イギリス人の女性コックやスティルルームメイドと呼ばれる使用人がすべてを担当しました。マダムから、「マリー・アントワネットが食べていたようなフランス菓子」を作るようにと難題を命じられたところで、見たことも口にしたこともないのですから無理な話。マダムはあきらめずに、最新流行のフランス菓子情報を伝えたり、勉強させたりするのですが、一流シェフのようにはいきません。スキルの差は歴然だったというわけです。

日本でも大ヒットした映画『ダウントン・アビー』の中にも、英国王室専属料理人の男性シェフとクローリー家の女性コック、パットモアさんの対決が面白おかしく描かれていましたよね。

そのような事情から、格式高いホテルアフタヌーンティーのお菓子はフランス菓子が正解なのです。

日本の一流ホテルでペイストリー部門を率いるシェフたちの腕の確かさは、世界中が認めるところ。

かつて英国貴族が憧れた素晴らしいアフタヌーンティーを、日本にいながら口にすることができる。それは本当に幸せなことなのです。

ザ・リッツ・カールトン京都

ピエール・エルメ・パリのシェフが作る京都のアフタヌーンティー

京都の風を感じながら英国貴族が憧れたアフタヌーンティーを

英国貴族たちが憧れ求めた、超一流のフランス人シェフが作る本格的なアフタヌーンティーを、京都で体験できることはご存じでしょうか。

かつて平安時代の貴族たちが、東山から昇る月を愛でるために別邸を構えた地に建つ「ザ・リッツ・カールトン京都」。京町家の意匠を取り入れつつも、リッツ・カールトンらしい艶やかな気品を表現し、京都の歴史ある街並みに調和した情緒ある雰囲気を漂わせています。

町家建築ならではの格子がアクセントになった「ザ・ロビーラウンジ」でいただくアフタヌーンティーは、「ピエール・エルメ・パリ」のスイーツとの夢の共演。

ピエール・エルメ・パリのシェフが常駐。数百種類のレシピからセレクト

驚くべきことに、このコラボレーションは期間限定ではありません。ピエール・エルメ・パリはザ・リッツ・カールトン京都で提供するスイーツをすべて監修しているため、一年中、ピエール・エルメ・パリのお菓子で構成されたアフタヌーン

ティーをいただくことができます。

しかも、ピエール・エルメ・パリからはレシピ提供だけでなく、直属のパティシエが厨房に常駐。常に味を確認しています。

アフタヌーンティーのパティスリーメニューは、何百種類とあるピエール・エルメ・パリのレシピリストから、ホテル内パティシエであるレジス・ドゥマネ氏が直接選びます。

パティスリー界のピカソとも称される鬼才、エルメ。「ピエール・エルメ・パリ」のレシピリストから選ばれた秋のメニュー。左上から時計まわりにイスパハン、サラ、シュー オマージュ、プレジール シュクレ。

「大切にしていることは、メニューの中にもストーリーを感じること。和をあえて意識することはありません。季節感とフィーリング、ティーフーズとのバランスで考えます。ただ、アフタヌーンティー用に、ひと口サイズにしているため、それに合わせて配合を少しアレンジしています」

ひとつひとつが宝石のように輝くピエール・エルメ・パリのプティガトーをサイズダウンすることで、一度に何種類もいただくことができるのもアフタヌーンティーならではの醍醐味です。

エルメの真髄ともいえる、異なる風味、食感、素材、そこから生み出されるハーモニー。イギリス貴族が憧れた「フランス菓子のエスプリ」が堪能できます。

気候のいい時期はテラス席で。風に吹かれ、水音を聞きながらアフタヌーンティーを楽しめます。

五感を駆使して、香りを「聞く」

「リッツ・カールトンといえばホスピタリティ（一流のおもてなし）」というのが世界的に有名ですが、ザ・リッツ・カールトン京都も館内のいたるところにきめ細やかな心配りが感じられます。

たとえば、ゲストを迎え入れるエントランス。一歩足を踏み入れると一瞬にして高貴な香りが広がるウェルカムアロマに包まれます。朝摘みのお茶のようにフレッシュで、でも茶葉の香りとは違う、まるで平安貴族を連想させる京都らしい香りです。

ドアマンに尋ねてみると、ザ・リッツ・カールトン京都のために特別にブレンドされたオリジナルアロマを焚いているとのこと。グリーンティーの香りをベースにシトラスやローズなどのオイルがブレンドされているそう。なんとも柔らかな格調高い香りです。

茶道の席では香を焚き、空間を清めるという習わしがあります。香を鑑賞することを「聞香」と表現します。嗅覚を使って単に匂いを嗅ぐのではなく、心を傾けて香りと向き合い、聞き、そして味わう……。そんな日本古来の繊細な所作に思いを馳せながら、京都でのアフタヌーンティーを味わってみてはいかがでしょうか。

もうひとつの香り、紅茶を愉しむ

アフタヌーンティーで香りを愉しむといえば、紅茶の香り。

ここでのおすすめは「ロンネフェルト」がブレンドした「ザ・リッツ・カールトン京都オリジナルダージリン」。そして、京都・和束町の上嶋爽緑園上嶋茶師ブレンドのグリーンティー「山紫水明」。ここでしかいただけない特別な香りは、やはり味わっておきたいですね。

常に温かい紅茶が飲めるようポットウォーマーにのせてサービスされます。バラのかぐわしい香りの「チャイナローズペタル」も人気です。

貴婦人の小さな口にふさわしい、ひと口でつまめる美しいティーフーズ。左上から時計まわりにセップ茸のシュークリーム、生ハム キャロットラペ 南瓜のサンドイッチ エピスの香り、トウモロコシとズワイガニ キャラメリゼナッツのタルト、ダックフォワグラとドライフルーツ ルビーポルトワインジュレ ブリオッシュトースト、スモークサーモン クリームチーズ 胡瓜のオープンサンドイッチ レモンジュレ バジルのアクセント。

Recipe

ピエール・エルメ・パリのレシピで作る

スコーン キャレマン ショコラ

参考写真
プレーン スコーンと
スコーン アンフィニマン マロン。

【材料】作りやすい分量

- A 強力粉…110g
  フランスパン用粉…110g
- B ベーキングパウダー…14g
  グラニュー糖…40g

バター（食塩不使用）…40g
カカオパート…60g
牛乳…60g
クレーム・ドゥーブル
(乳脂肪分48%) …220g
クリュエ・ド・カカオ…60g
ドリュール（下記参照）…適量

【下準備】

- Aをふるい合わせる。
- 全卵200g、卵黄100g、グラニュー糖10g、塩3gを混ぜ合わせてドリュールを作る。

【作り方】

1 冷たいバターをめん棒で叩き柔らかくする。

2 オートミキサーにふるったAとBを合わせて1を加え、サラサラになるまで混ぜる。

3 40℃に溶かしたカカオパートに牛乳を2回に分けて入れ、ゴムべらで混ぜ、滑らかにする。

4 2に3とクレーム・ドゥーブルを加えたら、少しミキサーをまわす。クリュエ・ド・カカオを加えて再び混ぜる。

5 ラップの上に4をのせラップをかけ、めん棒で厚さ1.5cmに伸ばし、冷蔵庫でしばらく寝かせる。

6 オーブンを180℃に予熱する。5を直径4.5cmのセルクルで抜く。

7 オーブンシートを敷いた天板に6を並べ、表面にハケでドリュールを塗る。温度を160℃に下げて12分焼く。焼けたら網などで冷ます。

Memo

◆美味しさの秘密はクレーム・ドゥーブル。ドゥーブルとはフランス語でダブルの意味。クレーム・ドゥーブルとは酸味のある乳脂肪分の高いクリームのこと。手に入らない場合は乳脂肪分の高い生クリームで代用してください。クロテッドクリームを使っても美味しいです。
◆スコーンの美味しいリベイク方法。電子レンジで30秒温めたら、オーブントースターで1分加熱。霧吹きの必要はありません。

ザ・リッツ・カールトン京都
スコーンこぼれ話

パリのホテルでアフタヌーンティーをいただいた際、ピエール・エルメ・パリのイスパハンスコーンを食べて衝撃を受けました。スコーンの概念を覆すような、独特のエルメの世界観が表現された風味と食感だったのです。

今回の取材でシェフパティシエのレジス・ドゥマネ氏にイギリスとフランスのスコーンの違いについて聞いてみました。

「正直、エルメのスコーンは、焼き上げた時点ですでに味が完成されているので、個人的には何もつけない状態のほうがおすすめです」。まさに！　その点こそ、クロテッドクリームとジャムを盛って初めて完成と考えられるイングリッシュスコーンと、単体で完成したお菓子として作られるフレンチスコーンの違いなのです。季節によって変わるスコーンは9種類。最初は何もつけずに、次にジャム、最後にクリームと3ステップに分けて折り重なってゆくハーモニーを味わうのがおすすめです。

スコーンウォーマーがついたスリーティアースタンドは、20世紀に入ってから英国で誕生したアイテム。

ザ・ロビーラウンジ　京都　Afternoon tea／1人分／5,000円（税・サービス料別）

時間	120分制
茶器	ナルミ、ジャン・ルイ・コケー
カトラリー	クリストフル
フーズ	セイヴォリー4〜5種、スイーツ4種、プレーンスコーンともう1種のスコーン
ジャム	1種
クロテッドクリーム	中沢乳業。おかわり可（有料）
紅茶	「ロンネフェルト」のティーセレクション約8種、シーズナルティー1種、インフュージョン＆ルイボス9種、日本茶1種から選ぶ。茶葉変更1回まで可。ポットでのおかわり、ジャグサービス（差し湯）リクエストで可。ハーブティーは、濃さが変わらないようダブルポットスタイルで提供される
ミルク	高温殺菌の北海道牛乳。冷やしたミルクで提供。希望があれば温めることも
HP	https://www.ritzcarlton.com/jp/hotels/japan/kyoto メニュー内容、システム、価格、時間などは変更あり。 詳細はHPで確認してください。

アフタヌーンティーの本質は「生活芸術」を堪能すること

「生活芸術」とはなんでしょう？

アフタヌーンティーは五感を研ぎ澄ませ、「生活芸術」を愉しむものです。

これも茶道に置き換えるとわかりやすいかもしれません。茶の湯は、お茶やお菓子をいただくだけでなく、床の間に設えられた掛け軸や美術品、茶花や花入れ、茶室に焚かれた香、茶道具など、お茶を喫する空間全体を通して、侘び寂びの精神や芸術を堪能するものです。

アフタヌーンティーも同じこと。紅茶やティーフーズを味わうのはもちろん、建築様式、調度品や絵画、ファブリック、手に触れるティーカップ、銀器などを、五感（視覚・味覚・嗅覚・聴覚・触覚）のすべてを使い、味わい尽くすことが、アフタヌーンティーの愉しみかたなのです。

生活芸術を学び、親しむことは、紳士・淑女のたしなみといわれていますが、鑑賞する芸術とは違って、暮らしの中で実践してこそ意味が深まるものです。

生活芸術の基本となるのは「様式美」

イギリスでアフタヌーンティーに招かれると、家の中からお庭まで、ぐるりと一周ハウスツアーをしてくださることがあります。そのときマダムが最初に話題にするのが家の建築様式です。たとえば、「うちはジョージアンよ」という家の場合、シンメトリックな外観の意匠に合わせて家具が設えられ、調度品やファブリックなどの室内装飾、さらに銀器や食器まで、ジョージアン様式で統一されています。

生活芸術の軸は様式美。建物からスプーン一本にいたるまで、スタイルを揃えることで空間全体の均整が取れ、「心地よい暮らしの美学」が完成するという考えかたが、そこにはあります。

アフタヌーンティーと五感の関係

生活芸術を愉しむためには、五感を研ぎ澄ます必要があります。アフタヌーンティーと五感の関係を見てみましょう。

1.味覚

紅茶やティーフーズの五味（甘味・塩味・酸味・苦味・うま味）を心ゆくまで味わいます。

ティーフーズは味覚、視覚で愉しむだけではなく、触覚もポイント。一流シェフの作るティーフーズはあらゆる五感が愉しめる構成になっています。

2.嗅覚

紅茶の香気成分は300種類以上。香りの分子はダイレクトに脳を刺激します。

3.視覚

テーブルの上にある紅茶の水色やティーフーズの美しさ、ティーカップやカトラリーのシェイプや絵柄、家具や調度品のデザイン、室内装飾から建築様式まで、点で見るのではなく、線や面で空間全体をじっくりと眺めます。

紅茶をいただくとき、香り（嗅覚）、口当たり（触覚）、カップや紅茶の水色（視覚）、風味（味覚）をフル活用して味わって。

4.触覚

意外と見落とされがちなのが触覚。美しい物に触れて使って体感できる感覚こそ、アフタヌーンティーの隠れた醍醐味です。建物に入ったら、まず大理石の感覚や古い木のきしみ具合、絨毯の踏み心地などを愉しみます。椅子に座ったときの感触、ティーナプキンの手触り、ティーカップやシルバーの口当たりなども堪能してください。最後にティーフーズの歯ごたえ、弾力、滑らかさ、紅茶の喉越しを感じます。味覚とともに食感（テクスチャー）も美味しさを感じ取る感覚です。

5.聴覚

音楽はアフタヌーンティーの重要な要素のひとつ。ヴィクトリア時代には、弦楽四重奏やピアノ、ハープなどの生演奏が流行しました。空間に流れるBGMにも耳を傾けてみましょう。

ドローイングルームやロビーにピアノが置いてあるところも。19世紀のアフタヌーンティー全盛期には、音楽も紅茶やお菓子と同じくらい大切なものと考えられていました。これは「長楽館」のロビーにある「ベーゼンドルファー」。三大ピアノのひとつと言われています。

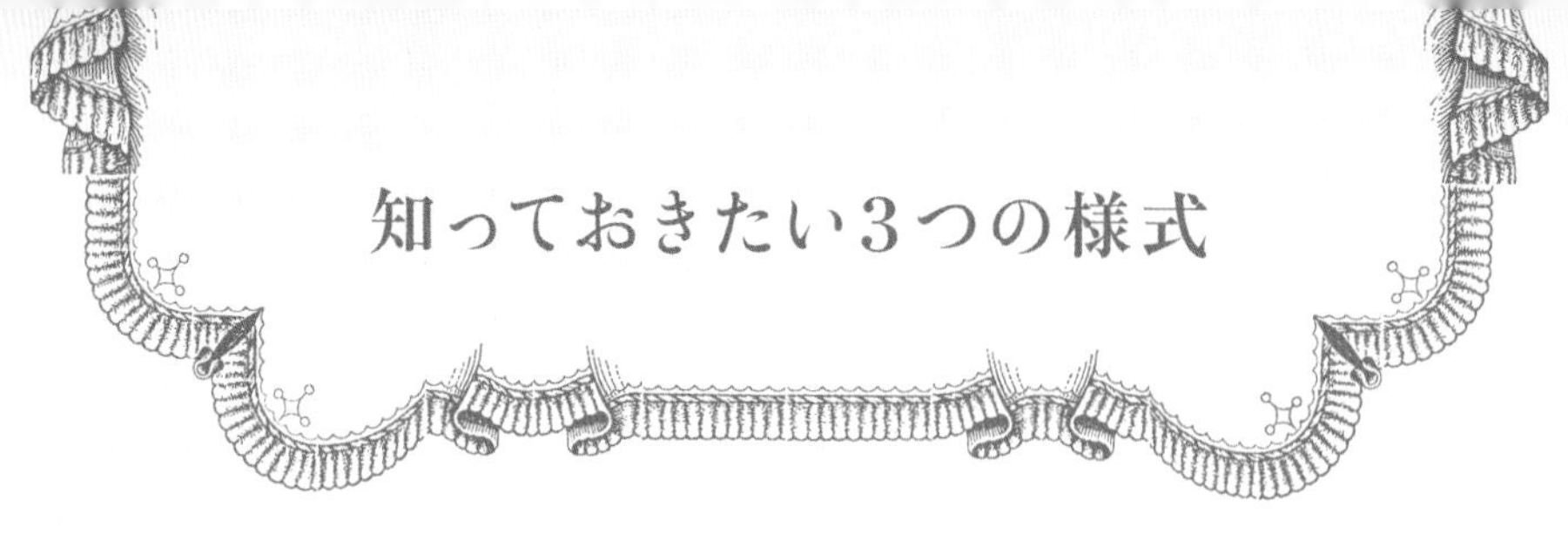

知っておきたい3つの様式

様式とはその時代に流行したスタイルのこと。
英国では時代によって、建築、家具や調度品、室内装飾、銀器や食器まで、
統治する君主の志向や好みが強く反映されるため、
君主の名が様式名として使われています。
ここでは、椅子とティーポットを取り上げながら、
知っておくとティータイムがより楽しくなる3つの様式、
「クイーン・アン」「ジョージアン」「ヴィクトリアン」に
ついて簡単にご紹介していきます。

クイーン・アン様式 Queen Anne Style 1702-1714

アン女王が統治した時代に流行したスタイル。中世の時代、家具や調度品はあくまで王の権力誇示のために作られた豪華絢爛なものという位置づけでしたが、アンは快適さや使い心地といった実用性を取り入れながら、女性らしい優美な曲線とシノワズリ（中国趣味）を融合させました。「ドリンキングクイーン」と呼ばれるほどお茶好きだったアンは、英国のインテリアやお茶道具のデザインに大きな影響を与えました。今でも世界中で愛されているスタイルです。

· CHAIR ·

家具はウォールナットが流行しました。ウォールナットは木目が細かく柔らかいです。

· TEA POT ·

クィーンアンスタイルのティーポット。

ジョージアン様式 Georgian Style
1714-1830

CHAIR

ジョージ1世から4世まで、100年以上に渡り4人の王が統治した時代のスタイル。古代ギリシャ・ローマ時代の意匠を取り入れたネオクラシック（新古典様式）を基調とし、均整の取れたシンメトリーでシャープな美しさと、シンプルでクラシカルなフォルムが特徴。古典的なモチーフを取り入れ、端正な中にもエレガントで繊細な細工と仕上げが際立つ洗練されたスタイルです。

家具はマホガニーが流行しました。マホガニーは軽くて固く、赤褐色の木肌をしています。

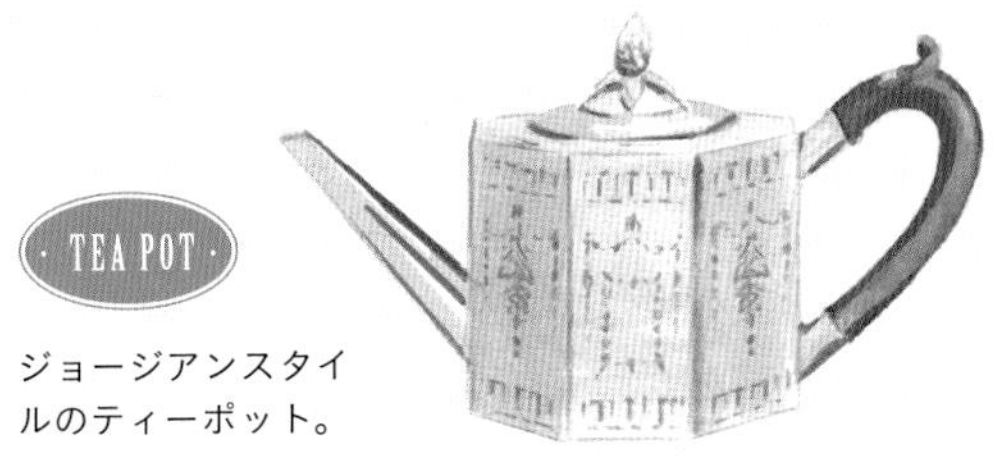

TEA POT

ジョージアンスタイルのティーポット。

ヴィクトリアン様式 Victorian Style
1837-1901

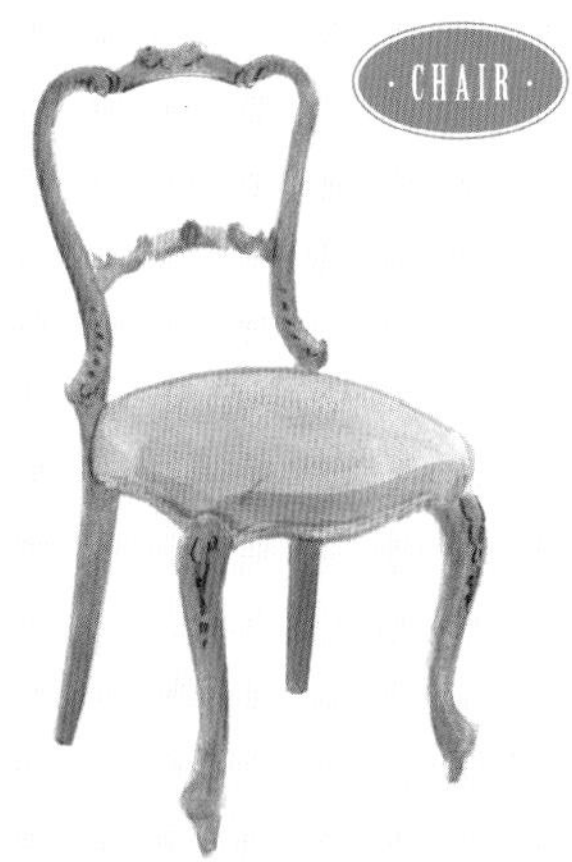

CHAIR

ヴィクトリア女王が統治した時代のスタイル。女王は自分の好みを積極的に取り入れ、華麗でフェミニンなデザインをベースに、過去の多種多様なスタイルをミックスさせていきました。ロココ、ゴシック、ルネッサンス、バロックなど、古典的な様式をリバイバルさせ、デコラティブな装飾を融合させた、華やかで独特なエクレクティック（折衷）スタイルです。

家具はサテンウッドが流行しました。サテンウッドはサテンのような質感と光沢の木材です。

TEA POT

ヴィクトリアンロココのティーポット。

長楽館

憧れのドローイングルームで五感を使って特別なひとときを

ドローイングルームに歓喜するその理由とは？

優雅な紳士・淑女たちがアフタヌーンティーを愉しんだ瀟洒な館。しかも、「ドローイングルーム」でアフタヌーンティーが愉しめる。そんな夢のような体験をしてみたいと思いませんか？

繊細な装飾が施されたエレガントなファサード。

その願いが叶う場所が京都にあるオーベルジュ「長楽館」です。

長楽館が誕生したのは、明治42年。実業家・村井吉兵衛氏が、私財を投じ、迎賓館として建築しました。贅を尽くした優雅な佇まいは、東の鹿鳴館に勝るとも劣らずといわれ、イギリスのエドワード8世をはじめ、世界各国の大使たちをもてなす場所として使われました。

アフタヌーンティーを愉しむことができるのは、本場のドローイングルームの流れを汲むロココ様式の「迎賓の間」。日本に現存する西洋館の中でも、ここまで見事な形で残されているドローイングルームは目にしたことがありません。

有形文化財である歴史的建造物を保存・維持するだけでも大変なことですが、それを誰もがアフタヌーンティーを愉しめる場所として開放してくださるとは信じられないことです。

ヴィクトリア時代、正式なアフタヌーンティーは、貴族の邸宅のドローイングルームで行われていました。ドローイングルームは辞書で引くと「応接室」と訳されていますが、英国では特別な意味を持つ部屋です。

英国のしきたりとして、紳士・淑女はディナーを愉しんだあと別室

一体感のある装飾は細部までじっくり眺めたい。

「迎賓の間」はアフタヌーンティー専用の部屋。アフタヌーンティー発祥の部屋「ブルードローイングルーム」(P11)を彷彿とさせます。ローテーブルにソファーの組み合わせは、最も格の高いアフタヌーンティースタイル。

壁面から天井にかけて施された溢れんばかりの漆喰の彫刻。女性らしいピンク＆ホワイトのハーモニーに、リボン、ガーランド、貝殻などのモチーフ。まさにヴィクトリアン・ロココの極みです。

に移動し、男女別々に食後の時間を過ごしていました。女性がダイニングルームから退出し、ゆっくりとお茶を飲みながらおしゃべりする部屋、それがドローイングルームだったのです。

ドローイングルームは、日本でいう「茶室」としての役割を持つ空間といえます。茶人にとって茶室というのは「もてなしの心」を具現化した特別な場所。秀吉が黄金の茶室にこだわったように、権力の象徴でもあります。

同じように、ドローイングルームという専用のお茶室を構え、その空間を知的でセンスよくコーディネートすることは、当時の貴族にとってはステイタスシンボル。貴族の優雅な暮らしを象徴する、中産階級にとっては憧れの空間で、高嶺の花だったのです。

このように英国でも稀有な存在だったドローイングルーム。それが現在の日本に存在し、かつ、他に類のない空間美の中でアフタヌーンティーが愉しめるなんて……。時空を越えた奇跡といってもいい体験が、扉の向こうには広がっているのです。

五感をフルに使った新しいアフタヌーンティーガイド

長楽館でのアフタヌーンティーの醍醐味は、美術館の中にあってガラス越しに観賞される芸術品ではなく、実際に暮らしの中で代々受け継がれてきた生活芸術を、五感すべてを使って愉しむことができるということです。

館全体が様式美と生活芸術の宝庫である「邸宅博物館」のような空間を一緒に体験してまいりましょう。

繊細なファサードのエントランスホール

アフタヌーンティーの愉しみは、建築様式や室内装飾を堪能するところから始まります。まずは、アプローチからの外観。

レンガ積みの優美な佇まいを眺めながら、エントランスのファサード（P.44写真上）に注目してみてください。西洋建築において重要となるコラム（円柱）はイオニア式。ボリュートと呼ばれる渦巻型装飾が施されたコラムをくぐると、頭上の繊細なアイアンアーチの中はひっそりと家紋の三つ柏が刻まれています。

館に足を踏み入れると、そこは重厚感溢れるエントランスホール。アイアンアーチの裏側に広がるステンドグラスからの優しい光りを受けながら、床の軋みを感じつつ、奥へと進みます。天然木の香りを感じたら、立ち止まって上を見てみましょう。階段から天井まで続く見事な装飾のミルワーク（P.44写真下）が目に飛び込んできます。

ヴィクトリアン・ロココのドローイングルーム

エスコートされる「迎賓の間」（P.45）は、ロココ様式。重厚なエントランスホールとはガラリと雰囲気が変わります。

ロココは曲線を多様した優美なデザインで、「ロカイユ」（貝殻装飾）がその語源。ルイ15世（フランス）の時代に流行したスタイルです。

ロココを基調とした様式は、アフタヌーンティーを開く茶室としては非常にフォーマルなスタイル。なぜなら、アフタヌーンティーが流行した時代は、ロココの再来ともいわれたネオ・ロココの時代。ヴィクトリア女王が好んだ華やかでフェミニンなヴィクトリアン・ロココのドローイングルームは、憧れのスタイルだったのです。

ドローイングルームに進んだら、空間全体をゆっくりと見廻し、マントルピース（暖炉の周りの飾り棚）を中心とした設えに注目してみてください（P.48）。この空間は日本の茶室に置き換えると床の間にあたり、室内装飾における最も視線の集まるフォーカルポイントです。

英国貴族の館を訪ねると、天井まで高さのある豪華絢爛で芸術品のようなマントルピースを目にすることがありますが、それは領主のセンスや格を表すステイタスシンボルです。

マントルピースの前は特等席。

一方、日本家屋の床の間は、「とこしえ」（永久）という意味を持ち、繁栄の象徴ともいえる神聖な空間。茶事においては主人の趣向を取り入れ、掛け軸や花、香合を設えます。

マントルピースも床の間と同じく、その存在意義は「小さな美術館」。マントルシェルフと呼ばれる上部のスペースに季節の移ろいを感じるアレンジメント、オブジェや置き時計、壁には鏡やテーマに合わせた絵画、タペストリーなどを飾り、クリエイティビティ溢れる空間にコーディネートします。

日本で設置されているマントルピースは、枠のフォルムだけというパターンも多いのですが、長楽館の暖炉はお飾りではなく、寒い日には実際に火を灯せる造りになっています。

100年以上前に建築された長楽館が、このように英国貴族の洋館としてのスタイルを踏襲していることは感服の至りです。

大理石のマントルピースを正面から眺めると、バカラのクリスタル製シャンデリアが鏡の中心に来るよう配されています。ミラーに映る景色までもシンメトリーという細やかさ！

茶道とアフタヌーンティー 美意識の違い

日本の床の間と英国のマントルピース。どちらも家の歴史や格を表し、おもてなしのセンスが問われるという点では共通していますが、大きく異なるものがあります。それは美意識。

日本人の美意識には、不完全で不均整のもの、未完の物の中に美を見いだすという、禅の精神にも通じる「不足の美」があります。床の間がアシンメトリー（左右非対称）になっているのは、その美意識の表れ。一方で、西洋の美意識は、完璧で均整がとれたもの、華やかで絢爛なものを美しいと感じます。

長楽館でも、マントルピースを中心として、ピラスター（装飾柱）

ヘレンドを代表するパターン、アポニーグリーンを中心としたティーポット&カップ。ポットのつまみ部分のバラに注目。職人が手作りした花びら1枚1枚の繊細さに驚きます。

やシェードランプはシンメトリー（左右対称）に配置されています。
シンメトリーは西洋人の持つ絶対的なバランス感覚。ドローイングルームだけではなく、長楽館全体に通じる様式でもあります。

クライマックスは食卓芸術

そして、いよいよアフタヌーンティーのクライマックス。テーブルに着いたら、「室内装飾の最終仕上げ」である食卓芸術を堪能していきましょう。

ティーテーブルの基本エレメントは、茶器、カトラリー、リネン。それを視覚で感じるだけではなく、実際に使いながら体感できることこそが長楽館の価値。テーブルコーディネートの美しさやリネンの手触り、ティーカップやグラス、カトラリーの重みや口当たりなど、細部にまで意識を向けながらアフタヌーンティーを味わってください。

「ヘレンド」が織り成す世界

アフタヌーンティーにおいて茶道具の存在は、茶会全体の格を左右する大切なものです。茶道と同じように茶道具についての知識を深めることも、生活芸術における愉しみです。

たとえば、ティーカップひとつで紅茶の味わいが変わります。

長楽館で用いられている茶器は「ヘレンド」。これも、ヴィクトリア時代の貴族の館で大流行した「特別なおもてなし」を表しています。

紅茶留学中、アッパークラスの家庭のキャビネットの中でよく目にしたのがヘレンドのティーセット。「愛国心の強い英国人がなぜハンガリーの茶器を選ぶのかしら？」と最初は不思議に感じました。

目を見張る親柱の装飾。ヴィクトリア女王も好んで建築に取り入れさせたリボンモチーフが愛らしい。手すりに触れたら、滑らかな天然木の質感と重厚なつくりに驚くはずです。

衣装箪笥はヴィクトリア時代の英国家具を象徴するブランド、メイプル社製。上質なマホガニー材を使用した洗練されたデザインの家具は、王室や貴族から愛されました。

歴史を紐解いてみると、その秘密は1851年にロンドンで開かれた「第一回万国博覧会」にありました。ヴィクトリア女王が会場を訪れ、ヘレンドの茶器に一目惚れ。その場でディナーセットをオーダーしたことから、一気に名声が高まったのです。王侯貴族たちから注文を受けたヘレンドは、個々の生活様式に合わせて、器の大きさからデザインに至るまで、細かな要望を取り入れた「誂えの品」を納め、一大ブームとなりました。

独特なシノワズリの絵付けや、ボーンチャイナとは異なる白磁の美しさもその人気の理由。

熟練のペインターが工房で手描きを施す芸術性の高さが、今なお、上質な「用の美」を求める人たちに支持されています。

華奢で繊細なハンドルをつまんだときの手触り。透けて見えるほどに白く透明感がある白磁ならではの飲み心地。五感を駆使して、ヘレンドの織り成す世界を愉しんでみてください。

館全体を余すところなく堪能

さて、ここで終わらないのが長楽館の素晴らしいところ。アフタヌーンティーを味わった後は、ぜひ上階まで足を運んでみてください。

そこには、時の洗礼を受けた階段、手すりに施された豪華な彫刻、館を埋め尽くす有形文化財の家具や調度品が待っています。時を経て継承されてきたひとつひとつが愛おしく、その空間に身を置くことで、長い歴史の中で育まれてきた美意識や世界観に触れることができます。

かつての華やかな暮らしに思いを馳せながら鑑賞してみてください。

強力粉100%! 弾力のあるしっとりふわふわ

プレーンスコーンとクランベリースコーン

Memo

◆強力粉も含めてすべての材料を冷やしてから作ります。クランベリーはリキュールでつけたものを使っています。

迎賓の間 京都 アフタヌーンティーセット／1人分／4,500円（税別・サービス料込）2名から予約可

時間	120分制
茶器	ヘレンド、大倉陶園など
フーズ	アペリティフ1種、ティーフーズ4種、ペイストリー5種、お愉しみのペイストリー1皿、自家製スコーン2種
ジャム	1種（自家製）
クロテッドクリーム	中沢乳業（保管温度は厳重に2℃を厳守）。おかわり可（有料）
紅茶	ムレスナティー、GMTから約10種。茶葉変更可
ミルク	常温のミルクで提供。希望があれば温めることも可
HP	https://www.chourakukan.co.jp/ メニュー内容、システム、価格、時間などは変更あり。詳細はHPで確認してください。

紅茶とティーフーズのペアリング

ワインを選ぶように紅茶を選ぶ

アフタヌーンティーメニューに並ぶたくさんのティーセレクション。何を選べばいいのか迷ってしまうかたも多いのではないでしょうか。紅茶とティーフーズ、お互いに引き立て合う相性抜群のパートナーを見つけることができれば、より味わい深いティータイムになります。

たとえば、ワインを選ぶように紅茶をセレクトしてはいかがでしょう。紅茶の主成分は、実はワインと同じタンニン。渋みのもとでもあるタンニンは、油脂を中和する働きがあり、甘いものや脂っこいものと一緒にとることで、口の中がさっぱりとし、次のひと口をより美味しく引き立ててくれる効果があります。

まず、紅茶をワインの赤と白に置き換えてみましょう。紅茶の茶葉は大別してアッサム種と中国種のふたつに分けられます。タンニンの含有量が多いアッサム種はボディが重くずっしりとした赤ワイン、タンニンが少なくアミノ酸が多い中国種は軽くて口当たりがよい白ワインと考えてみてください。

次に、アフタヌーンティーをコースに見立てると、セイヴォリー系のティーフーズから始まり、甘いスイーツ系へと進んでいきます。それに合わせて、一皿目のサンドイッチには中国種のキーマンやダージリンをストレートで。二皿目のスコーンには交配種のウバやディンブラをストレートやミルクで。三皿目のペイストリーにはアッサムやニルギリをミルクで、などの組み合わせが考えられます。

食材にも旬があるように、紅茶にも春摘み、夏摘みなどクオリティーシーズンと呼ばれる旬の時期がありす。紅茶とティーフーズで旬のもの同士を組み合わせるのもおすすめです。

香りのペアリングも愉しみたい

紅茶は香りを愉しむものですから、味だけでなく香りのペアリングも大切です。

ダージリンやウバなど茶葉本来の繊細なアロマを愉しみたい場合は、緑茶と同じようにライトに淹れるのがおすすめ。和菓子やチャイニーズスイーツともマッチします。

一方、茶葉に香りづけをしたフレーバードティーは、気分転換の一杯には最適なのですが、香りの強さによってはフーズとのハーモニーがむずかしいことも。そこで注目したいのが温度です。

紅茶を淹れる場合、温度によって抽出される成分が異なります。同じ茶葉でも、高温抽出（ホットティー）の場合はパンチのあるしっかりとした味わいになり、低温抽出（アイスティー）の場合は清涼感のあるスッキリとした風味になります。

味覚もホットに比べるとアイスのほうが風味を感じにくくなります。フレーバーが強い場合はアイスティーにして、お気に入りのフレーバードティーはホットとアイス両方をオーダーしてペアリング比較してみるのも愉しみかたのひとつ。

まるで正露丸!?のラプサンスーチョン

イギリス人は紅茶の自然なアロマを好み、人工的なフレーバーは苦手という方が多いのですが、それでも「これだけは特別！」という紅茶があります。その名もラプサンスーチョン。松の木で燻した強烈な燻煙香がお薬の正露丸にそっくりと表現される古典銘茶です。

アフタヌーンティーが流行したヴィクトリア時代、その東洋的でエキゾチックな香りがアッパークラスの間で大フィーバーとなり、現在も高貴な紅茶として受け継がれています。イギリスでは「スコッチウイスキーの香り」として愛飲されています。

「お菓子に合わせるのはちょっと……」と、私もはじめは敬遠していたのですが、サーモンのサンドイッチと合わせてみると、あら不思議。同じスモークという点で味に一体感が出て、お互いを引き立て合い相性抜群。肉料理やチーズともよく合います。

ただ、日本の軟水で淹れるとスモーキーフレーバーがより強く抽出されるため、苦手という方もいらして、メニューにないホテルが多いのが残念なところ。そんなときは同じ中国種系のキーマンや半発酵茶の烏龍茶などでフーズとのペアリングを試してみてください。

パーク ハイアット 東京

オランジェリーを彷彿とさせる 天空の楽園でティータイム

プラッターサービスは 正統な英国スタイル

1994年のオープン当初から、日本のアフタヌーンティーを世界レベルにまで押し上げ牽引してきたのが「パーク ハイアット東京」の「ピークラウンジ」。ガラス張りの天井から自然光が燦々と降り注ぐ光景は、ロンドンの、ケンジントン宮殿内にあるオランジェリーを彷彿とさせます。

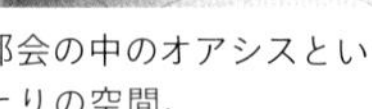
都会の中のオアシスという表現がぴったりの空間。

オランジェリーというのは18世紀のヨーロッパ貴族の間で大流行したオレンジを育てる温室のこと。そこで貴族はティータイムを楽しんでいました。その贅沢な空間は、300年経った現在もアフタヌーンティーが愉しめる人気のティープレイスとして親しまれています。

ピーク ラウンジではセイヴォリーを食べ終えスコーンへ進もうとすると、「お好きなだけお召し上がりください」という驚きの言葉とともにシェフ特製のフィンガーフーズが並ぶプラッター（お皿）が登場！さらに、ペイストリーを食べ終える頃にもスイーツが煌めくプラッターが再度回ってくるのです。

ここで、「まぁ、食べ放題なんてお得！」とは捉えないでくださいね。実は、このティーフーズのおかわりができるスタイルこそ、英国式アフタヌーンティーなのです。

邸宅でのティーセレモニーにおいては、「ティーフーズは食べ切ってはいけない」というマナーがありました。なぜかというと、ヴィクトリア時代、貴族の間には「ティーフーズは豪華にたっぷりと用意すること」というルールがあり、ゲストがすべてを食べ尽くしてしまうと、「食べ切るほどの量しか準備をしていなかった」と受け取られてしまうからです。

その流儀に習い、イギリスの一流ホテルでは、最後のひと口を手に取った瞬間に、「おかわりはいかがでしょうか?」と給仕がやってきます。断らない限りそれはエンドレス。つまり、ティーフーズとのペアリングを愉しみつつ茶葉も変え、「好きなものを好きなだけお召し上がりください」というスタイル。決してお皿の中が空っぽの状態で席を立たせないというのが、ホスピタリティの表れでもあるというわけです。

紅茶に合わせてティーフーズをセレクト

「おかわり自由」は当然価格に含まれているため、このスタイルをとるロンドンのホテルでは日本の倍近いプライスになっているのが現実。

日本では食べ切って終了というホテルがほとんどの中、ピーク ラウンジのプラッターサービスは大変貴重な存在といえるでしょう。

ペアリングをとことん味わい尽くすことができるのが、プラッターサービスの嬉しいところ。通常は決められたメニューに合わせて紅茶を選びますので、どうしてもティーフーズを主体に選びがちですが、逆に紅茶を主役にしてティーフーズをセレクトできるのです。ぜひいろいろなペアリングにトライしてみてください。

最後に、ピーク ラウンジで愉しめる「紅茶とティーフーズのおすすめペアリング」をいくつかご紹介したいと思います。

プラッターサービスのティーフーズは、好きなだけいただけます。これぞホテルアフタヌーンティーの真髄！ともいうべき繊細さと美しさ。

紅茶とティーフーズのペアリング例

レモン&グリーンティー×ピクルス	ウェルカムドリンク&アミューズのイメージで一杯目はアイスティーで。
アールグレイ×サーモンサンドイッチ	スモーキー同士を掛け合わせることで新しい味わいが出現。
ウバ×チーズキッシュ	渋みで口の中をさっぱりリセット。次のフーズをより美味しく。
ダージリン夏摘み×マンゴースイーツ	旬のものを組み合わせてハーモニーを愉しむ。
アッサム×ショコラムース	タンニンでチョコレートやクリームの油脂を分解し、洗い流す効果が。

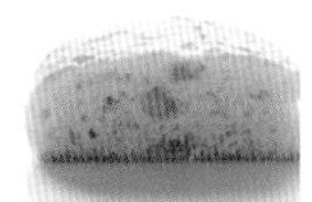

プレーンスコーン

初代シェフのレシピを大切に受け継ぐ

Memo

◆レシピは初代シェフ横田秀夫氏のものを代々伝承。グルテン（ねばり）が生成されないよう仕上げています。ただ不思議なことに、作り手によって、また作り手の気持ちの込め方によって仕上がりが変わるといいます。
◆予約時に相談すると、米粉レシピや卵なしレシピなどアレルギーに対応したスコーンも作ってくれます。
◆スコーンは、ホテル内ショップで予約購入可能。美味しいリベイク方法は、180℃のオーブンで1分30秒。もしも、しっとりしたものが好みなら霧吹きをしてアルミ箔で包んで焼くとよい。

ピーク ラウンジ ｜ 東京 ｜ シグネチャーアフタヌーンティー／1人分／6,600円（税込・サービス料別）

時間	180分制
茶器	NIKKO
カトラリー	イタリア製のsambonet ITALY
フーズ	セイヴォリー・ペイストリー3種ずつ、スコーン2種、プティスイーツとフィンガーフーズのおかわり可(アレルギー対応可)
ジャム	ミックスベリージャム
クロテッドクリーム	中沢乳業
紅茶	マカイバリ茶園の紅茶をはじめ約20種。茶葉変更可
ミルク	冷たい状態で提供。希望があれば温めも可
HP	https://restaurants.tokyo.park.hyatt.co.jp/plb.html メニュー内容、システム、価格、時間などは変更あり。詳細はHPで確認してください。

column

パーク ハイアット 東京と中沢乳業がコラボ

クロテッドクリーム開発秘話

スコーンに欠かせないクロテッドクリーム。clotted（凝固した）という名前の通り、濃厚なミルクの上澄みを固めたリッチな味わいのクリームです。イギリスではデヴォン州とコーンウォール州が2大産地。このふたつ、風味に違いがあり、どちらが好みかはイギリスでも意見が分かれるところ。デヴォンシャークリームは色みが白っぽく、なめらかな口当たり。コーニッシュクリームは、バターのような黄色に近く、表面がクラストという膜に覆われています。

日本にアフタヌーンティーが入ってきて間もない昭和の時代、スコーンに添えられるのはホイップした生クリームでした。イギリスでもダブルクリームをかために泡立てたものが添えられることがあるので、それをお手本にしたと思われますが、悲しいかなまったくの別ものだったのです。

そんななか、1994年に中沢乳業から待望の国産クロテッドクリームが発売されました。これは日本のアフタヌーンティー史に残る出来事。その誕生には、パーク ハイアット 東京が深く関わっていました。

その物語を詳しく知りたくて、初代ペストリーシェフ横田秀夫さん（現在は独立し、菓子工房オークウッドを経営）と開発に携わった中沢乳業開発部の行方美晴さんを訪ね、当時の秘話を伺いました。

パーク ハイアット 東京開業時、横田シェフは本場のクロテッドクリームの導入は欠かせないと考えました。輸入冷凍品はあったものの安定供給が望めなかったため、国内の乳業メーカー数社に共同開発を打診。そのとき唯一手を挙げてくれたのが中沢乳業だったそうです。中沢乳業は、新しい食文化を紹介することに積極的な社風だったため、「本物に限りなく近い、美味しい製品」を合言葉に、開発部、営業部が一体となって試作を重ねたといいます。横田シェフからの要望は、柔らかく、とろけるようにクリーミーであること。油っぽくなく、フレッシュであること。そして、スコーンとジャムとのバランスがよいこと……。その言葉を具現化していく過程で、“北海道の道東阿寒エリアの牧草を食べて育った牛のミルク”へ辿り着き、試行錯誤の末に製品化を果たしました。

国産クロテッドクリーム誕生の裏に、こんなに熱い開発秘話があったとは感慨もひとしおです。中沢乳業のクロテッドクリームは、デヴォンシャークリームをお手本にした風味。この時の横田シェフの好みがコーニッシュクリームだったとしたら……？　日本のクロテッドクリームの概念が違っていたかもしれませんね。

茶の湯とアフタヌーンティー

東洋から伝来した、神秘に包まれたお茶

ヨーロッパに初めてお茶がもたらされたのは17世紀。当時、まだ紅茶は誕生しておらず初めて渡ったお茶は日本の長崎県平戸から輸出された緑茶といわれています。

大航海時代、アジアへの航路を開いたヨーロッパの人々にとって、東洋の国々はエキゾチックで謎に包まれた憧れの存在。黄金の国と呼ばれたジパング(日本)にやってきた彼らは、驚きの光景を目にすることになります。

当時のヨーロッパでは、食事の際には手づかみが主流で礼儀作法などもありませんでした。それに対して、日本人はお膳に椀を並べ、2本の細い棒で行儀よく器用に食べものを口に運んでいたのです。

初めて接する東洋の文化に強い憧憬を抱くようになったヨーロッパの人々が、特に魅了されたのが、お茶の存在でした。

当時、ヨーロッパの王侯貴族たちは、贅沢病ともいわれる痛風に悩まされていました。一方、東洋人はスリムで痛風知らず。しかも長生きでした。その秘密は、彼らが日常的に飲んでいるお茶にあるにに違いない。そんな噂が信じられていたのです。

富も権力も手にした王侯貴族たちの願いといえば、1日でも長い寿命と健康。そして貴婦人たちは永遠の美と若さ。中国産のティーボウルと呼ばれる小さな茶碗を使い、飲めば飲むほど体によい秘薬とされたお茶を、王侯貴族たちは1日に何十杯と飲んでいたといいます。

シノワズリルームでのお茶会がブームに

18世紀に入ると、お茶は薬としてだけではなく、社交の場でも用いられるようになります。貴族の館を訪問すると、歓迎を込めてゲストにお茶が振る舞われるようになり、日本の茶道を思い起こさせるお茶会の真似事も行われるようになりました。

シノワズリルーム（東洋風に設えられた部屋）に茶簞笥を並べ、お茶とともに海を渡って運ばれてきた茶道具一式をうやうやしく取り出し、鍵付きのティーキャディーを前に、トップモードのキャラコを身に纏（まと）った女主人自らが、お茶を振る舞いました。

ゲストは扇子を片手に、日本の有田や中国の景徳鎮のティーボウルに入ったお茶の香りを嗅ぎ、受け皿に移し替えてから、音を立ててすすり飲む「Dish of Tea」と呼ばれる、そんな神秘的な所作も流行しました。

お茶と一緒にティービスケットやバター付きのパンも振る舞われ、勧められるがまま何杯もお茶を嗜（たしな）みました。

当時はティーセレモニーを開くこと自体が一種のパフォーマンスであり、ファッショナブルなステイタスシンボルだったのです。

英国貴族が魅了された茶の精神と文化

日本の茶道がヨーロッパに伝播した背景に、桃山文化が花開いた茶の湯の黄金時代、ポルトガルから通訳として来日したジョアン・ロドリゲスの存在があります。

彼は、日本人のおもてなしの精神と茶を結びつけ、「道」にまで高められた茶の湯の文化に、心を動かされました。そして、茶への造詣を深め、豊臣秀吉をはじめ、数寄大名、堺の商人などとも接し、生涯をかけてその本質を探求し続けたのです。

一服のお茶のために、亭主は客を敬い、空間を設え、趣向を凝らして道具を組み合わせる。打ち水をし、新しい足袋にはき替え、細部までできる限りの心を尽くす。招かれた側にも作法があり、お互いを尊重し合い、「一期一会」の精神で主客ともに心を通い合わせる……。日本流のもてなしの心を凝縮したものが茶の湯の文化であることを、彼は緻密に書物に記し、ヨーロッパに伝えたのです。

神秘的な茶の精神に触れた英国貴族たちは、自分たちのライフスタイルの中にお茶を通したコミュニケーションを取り入れ、英国流のホスピタリティの在り方を模索するようになります。

ジャポニズムで再会した茶の湯とアフタヌーンティー

19世紀後半、アフタヌーンティーという独自の紅茶文化を開花させたイギリス。流行は階級を越えて広がり、その最盛期に重なるように、ジャポニズム（日本趣味）の大旋風が沸き起こります。

1862年に開催されたロンドン万国博覧会で日本館が設けられ、日本美術や工芸品に関心が集まるようになると、鎖国によって長く閉ざされた日本に対するエキゾティシズムも追い風となり、日本に関するものすべてが流行するようになりました。

1885年には高級百貨店ハロッズの裏手にジャパニーズビレッジ（日本村）が誕生。日本人100名余りが渡英し、着物を身につけて茶室でお茶を振る舞ったり、漆塗りや浮世絵などの職人技を紹介したりして人気を博し、延べ100万人以上が来場しました。

美しいものに囲まれた暮らしを提唱する唯美主義とジャポニズムが融合。生活芸術を堪能するアフタヌーンティーにも、日本趣味が登場するようになります。

桜や椿、菊文様のティーセット、花鳥風月の細工が施されたティーナイフ、漆の箸や和紙のティーナプキンをテーブルに並べ、着物風ティーガウンを身につけてもてなす「ジャポニズムの茶会」が、最先端のスタイルとなりました。

日本の思想家・岡倉天心は『茶の本― The book of tea』の中で、「茶道こそ東洋の美の根幹である」と哲学を説きました。


東洋と西洋の人間性は、すでに茶碗の中で出会っていると考えた彼は、「Teaism」という言葉を使い、茶の背景にある精神性とその真髄を世界中に広めました。招く側、招かれる側、お互いを思いやり、心を尽くすという「主客一体」や「一座建立」という茶道の精神は、19世紀後半に成熟期に達した英国式アフタヌーンティーのおもてなしの根底にもしっかりと根づいています。

アフタヌーンティーが文化として確立した背景には、英国人が、お茶を飲み物としての物質的な側面だけにとどまらず、その奥にある精神的な価値にまで目を向けたことにあります。

日本の茶道とイギリスのアフタヌーンティー。

東洋趣味（シノワズリ）でお茶と出会い、日本趣味（ジャポニズム）で再会した英国。日本人と英国人の感性が茶碗を通してお茶と交わり、英国流の美学というエッセンスで茶の湯を昇華させた文化がアフタヌーンティーといえるのではないでしょうか。

パレスホテル
東京

英国貴族が憧れた和洋折衷のお茶会

ジャポニズムの茶会では着物風ティーガウンがトップモード

イギリスから来たゲストが口を揃えて絶賛するのが「パレスホテル東京」の「ザ パレス ラウンジ」のアフタヌーンティーです。

着物姿の女性が漆塗りの重箱を手に登場した瞬間、彼らの目は輝きます。三段に重ねられたお重の中には、宝石のような美しい食べ物たち。茶の湯とアフタヌーンティーが見事な形で融合し、結晶化した姿がそこにはあります。

和装での漆器のお重を用いたサービスは、英国伝統のスタイルを日本風にアレンジした新しいスタイルかと思いきや、この和洋折衷様式のお茶会こそ、何世紀も前の英国で、王侯貴族たちが心酔したスタイルなのです。

アフタヌーンティーと着物との組み合わせも、実は19世紀の英国でトレンドとなっていた……。そう言うと驚かれるでしょうか？

19世紀、アフタヌーンティーの流行は、当時の女性のファッションに大きな影響を与えました。紅茶やお菓子を心ゆくまで愉しめるように、コルセットを取り除き、身体を締めつけない柔らかな素材で作られた優美なティーガウンが登場したのです。

ジャポニズム旋風が起こったヴィクトリア時代後期には、着物風ティーガウンがトップモードに。それを身に纏い「ジャポニズムのお茶会」を開くことが、アッパークラスの貴婦人の間で憧れとなりました。

お重アフタヌーンティーの火付け役

今でこそ珍しくなくなったお重スタイルのアフタヌーンティーですが、その火付け役となったのがここ、パレスホテル東京。

英国にお茶が入ってきた時代、特に珍重されたのが磁器と漆器でした。磁器はチャイナ、漆器はジャパンと呼ばれ、その希少価値から、どちらも宝石のような価値で取引されました。

磁器は、後にヨーロッパでも技法が解明され、独自のデザインに発展を遂げましたが、漆器については原料となる良質の漆が産出できなかったこともあり、ヨーロッパでは再現することができませんでした。深みのある漆黒は神秘に満ちた存在。当時も今も漆器はヨーロッパの人々の心を深く突き動かしています。

西洋人が漆器に憧れるように、私たち日本人も銀器に憧れを抱きます。しかし、湿気の多い日本では銀器は変色しやすく、扱いが難しいもの。同じように、上質な漆はヨーロッパの乾燥した気候になじまず、蒐集家を悩ませました。

西洋の銀器と東洋の漆器。この対極にある文化は、お互いの気候や風土になじまず、容易に扱えないからこそ、お互いにとっての憧れの存在なのかもしれません。

なんでもありだからこそシェフが大切にすること

気になるお重の中身は季節ごとに変わる和洋折衷。サンドイッチからちらし寿司、マカロンから和菓子まで、和と洋の食べものが美しく並んでいて、玉手箱を開けるような高揚感が味わえます。

シェフの窪田修己さんは、休日も気になる果樹園や農家を訪ね、よい食材はないかと探し歩いているそう。その理由は？

「和洋折衷でなんでもできるからこそ、ベースの部分を大切にしたいんです。また、うちは職場の風通しがいいので、若手や他部署のシェフとの意見交換も活発。とても参考になります」

お重の中から伝わってくる和気あいあいとした雰囲気には、携わる人たちの多くの想いが詰められていたのでした。

塗りの重箱はアフタヌーンティーのために特別にデザインされた紀州塗りです。

チョコレートスコーンとバナナのスコーン

お重に合わせたスクエア形
さっぱりした味わい

Memo

◆レシピはお重のアフタヌーンティーがスタートしたときから変わっていません。
◆自家製ジャムのいちごはオーガニック。窪田シェフが和歌山の農園を訪ねて交渉したもの。

ザ パレス ラウンジ ｜東京｜ 季節のAfternoon Tea／1人分／6,200円(税別・サービス料込)

時間	150分制
茶器	ノリタケ
カトラリー	木製のナイフ、フォーク、スプーン
フーズ	スープ1種、フーズ5種、ペイストリー11種、スコーン2種
ジャム	1種(自家製)
クロテッドクリーム	中沢乳業。おかわり可(有料)
紅茶	シーズナルティー3種、クラシカルティー5種、アロマティー4種、ハーブティー4種、日本茶4種、中国茶4種、コーヒーセレクション4種(カフェインレスコーヒーもあり)。紅茶のブランドは「ロンネフェルト」「プリミアスティージャパン」ほか。茶葉変更可
ミルク	冷たいミルクをスチームで温めてから提供
HP	https://www.palacehoteltokyo.com メニュー内容、システム、価格、時間などは変更あり。詳細はHPで確認してください。

あなたは軟水派？ 硬水派？

同じ茶葉なのに イギリスと日本で味が違う

「イギリスで飲んだ紅茶が美味しかったので、日本に戻り同じ茶葉で淹れてみたけれど、味がまるで違う」。そんな声をよく聞きますが、その理由は水にあります。

紅茶は英語で何と表現すると思いますか？

「紅いお茶」だから「レッドティー?!」、いえ、正解は「ブラックティー」。これは茶葉の色が緑茶と比べて黒っぽいというところに端を発するのですが、水色を比べてみても一目瞭然。日本の軟水で紅茶を淹れると、水色は輝くような澄んだ紅色になりますが、ロンドンの石灰分が多い硬水で淹れた紅茶は、底が見えないほど黒っぽく濁った色になります。ここにミルクをたっぷり入れることで、ミルキーブラウンのコク深いイングリッシュティーができ上がります。

硬水で淹れたブラックティーとイギリスのミルクとの相性は抜群で、残念ながらこの絶妙なテイストを日本の水で出すことはできません。では、紅茶には硬水が合うのでしょうか？ 答えはノー！です。

本場イギリスの紅茶通はどうしている？

紅茶は茶葉の成分と水に含まれるミネラルが反応して水色や香気が引き出されます。他のお茶と比べると、水の影響を受けやすく、硬水よりも軟水のほうが茶葉本来のキャラクターを引き出しやすいといえます。

特にダージリンのような繊細な茶葉は、軟水のほうがシャープな風味が際立ち、奥深い香りと味わいを愉しむことができます。

ロンドンの水道水は、沸騰させてもミネラルが減らない永久硬水（Permanent hard water）のため、紅茶通の中でも〝茶葉の味を追求するこだわり派〟や〝上質な茶葉をストレートで飲むアッパークラス層〟などは、キッチンに軟水のウォーターサーバーや軟水に変える装置を設置して、紅茶を淹れる人もいます。

イギリス全土の水が硬水というわけではありません。エリアによって、超硬水（Very Hard Water）、硬水（Hard Water）、軟水（Soft Water）に分かれ、北へ行くほど柔らかになります。スコットランドまで行くと日本と変わらない軟水になります。

水質によってブレンドを変えた〝紅茶王〟リプトン

イギリス好きの間で人気の「ヨークシャーティー」は、エリアごとの水質に合わせたブレンドを作っています。ティーバッグでも軟水用と硬水用がありますので、日本で飲むなら軟水用をセレクトするのがおすすめです。

水の硬度が紅茶の味に影響することに着目し、水質によってブレンドを変えるという手法を初めて取り入れたのは、〝紅茶王〟リプトンです。

ヴィクトリア時代、マーケティングの天才だったリプトンは、「あなたの町の水に合わせた完璧なブレンド」を掲げ、大成功を収めました。その後世界へ市場を拡大。アメリカで誕生したアイスティーに目をつけ、ティーバッグに専用ジャーとレシピをセットにして販売します。

「ユニオンジャックはためくところ、リプトン紅茶のない国はない！」とまでいわれたリプトンは、英国王室御用達の茶商となり、ナイトの称号を授けられました。

「リプトン」や「トワイニング」という名前を聞くと、「大衆的な紅茶」というイメージを持たれる方も少なくないと思いますが、英国では歴史と伝統ある老舗専門店として認知され、今も愛されています。

軟水

軟水で淹れた紅茶の水色は明るく鮮やか。

硬水

硬水で淹れた紅茶の水色は黒っぽくコーヒーに近い。

コンラッド大阪

日本の水質に合う フレーバードティー TWG Teaを味わう

紅茶の香りのメカニズム

「コンラッド大阪」の「40スカイバー＆ラウンジ」では、「TWG Tea（以下TWG）」の紅茶をセレクトすることができます。TWGはフレーバードティーに定評があるシンガポール発祥の紅茶ブランドで、2010年に日本に上陸しました。

ここで紅茶の香りの仕組みについて触れておきましょう。

紅茶は香りを愉しむお茶です。紅茶をティーカップに注ぐと、フワァ～ッと香気が立ち昇りますよね。本来、茶葉が持ち合わせている自然な芳香のことをアロマといい、解明されている香気成分は300種以上といわれています。

ゲラニオール成分が多いと花のような香り、ヘキセノール成分が多いと若葉のような香りというように、成分のバランスや強さによって、茶葉のキャラクターが変わります。

「コンラッド大阪」でいただけるTWGのティーセレクションは8種。中でも、ぜひ飲んでいただきたいのが、フレーバードティーの元祖、グレイ伯爵が愛したアールグレイ。

人工的に香りをつけた「着香茶」

自然なアロマに対して、人工的に香りをつけた茶葉のことを「着香茶」といいます。着香茶には大きく分けて「センテッドティー」と「フレーバードティー」の2種類があります。

センテッドティーの起源は中国の古典銘茶。古くなり、香りが弱くなった茶葉を何とかして高値で売りたいと考えた茶園のオーナーは、周りの香りを吸収しやすいという茶葉の特性を生かして、花や果実、香辛料などと一緒に保管することで、茶葉に香りを移す製法を考え出しました。代表的なセンテッドティーには、みなさまご存じのジャスミンティーがあります。

フランス流フレーバードティー

一方、フレーバードティーは茶葉に直接香料を吹きつける噴霧式によって作られる茶葉のこと。フランスが発祥で、20世紀に入ってから世界的なブームとなりました。

1950年代になると、天然合成香料の開発が進み、食品への使用が認められるようになります。これにより、フラワー系、フルーツ系、スパイス系など多種多様な香料が登場。香りの魔術師ともいわれるフランスの茶師たちは、「フォション」のアップルティーのようなシングルフレーバーから、「マリアージュフレール」のマルコポーロのような複雑なミックスフレーバーまで、次々と新しい紅茶を世に送り出しました。

ヨーロッパの硬水では茶葉本来の繊細なアロマが抽出されにくいこともあり、フランス流の紅茶はフレーバーも強めに着香する傾向にあります。

TWG Teaが日本人に愛される理由

フレーバードティーといえば、やはりフランス紅茶をイメージされる方が多いのですが、ここ最近、紅茶通の間から聞こえてくるのが、TWGのほうが好みという声。

その理由のひとつに思い浮かぶのが水です。TWGはシンガポールのブランドで、かの地の水質は日本に近い軟水。硬水に合わせてしっかり香りづけされたフランス紅茶より、TWGのほうが日本の水に合うのかもしれません。

以前、とあるホテルでTWGの紅茶をオーダーすると、軟水・硬水の2種類から水を選べる「ウォーターセレクション」というサービスがありました。これは興味深いと、飲み比べをしてみると、香りはもちろん、味の抽出もはっきりとした違いがあり、水が紅茶の風味を左右することがよくわかりました。

ぜひご自宅でも「軟水・硬水テイスティング」にトライしてみてください。ダージリンのような繊細な風味を引き出したいときは軟水、ラプサンスーチョンのような個性の強過ぎるような紅茶には硬水、というようなに、水のペアリングまでできるようになると、紅茶の世界がもっと広がります。

Recipe

スミレとアールグレイのスコーン

【作り方】

1 Aをボウルに入れ、指先でバターと粉をすりつぶしながら、さらさらの状態になるまで混ぜる。

2 1に牛乳を加え、へらで少し混ぜたら、手でこねる。こねるとき力を加えすぎないように注意。

3 2の生地を220gのもの2つ、60gのもの1つに分ける。

4 60gのものにBを加えて混ぜる。

5 4の生地をめん棒で薄くシート状に伸ばす。220gの生地をそれぞれ厚めにめん棒で伸ばす。間に4の生地をはさむ。

6 ラップをし、数時間（できたら1日）冷蔵庫で寝かせる。

7 6を4.5㎝角にカットし、オーブンシートを敷いた天板の上に並べ、170℃に予熱した対流式オーブンで7分間焼く。トレーの向きを変えてさらに6～7分焼く（焼き時間や温度はお持ちのオーブンに合わせて調整してください）。

【材料】作りやすい分量

A 薄力粉（アンシャンテ）…120g
薄力粉（カメリア）…120g
ベーキングパウダー…12g
塩…少々（ひとつまみ）
グラニュー糖…55g
トリモリン（転化糖）…12g
（結晶の起こりにくいペースト状の甘味料。ない場合ははちみつで代用可）
バター（食塩不使用）
… 55g（角切り）
アールグレイの茶葉…2g
（細かくすり潰す）

牛乳…130g

B パープルカラー
…適量（好みの分量）
スミレの香料
…数滴（好みの分量）

Memo

◆グルテンによって弾性が強くなりすぎないよう2種類の薄力粉を混ぜています。
◆水分に卵を使用せず牛乳で作ります。
◆スコーンの美味しいリベイク方法。170℃のオーブンで数分焼きます。

「フォション」やパリの5つ星ホテル「ル・ムーリス」で修練を積んだジミー・ブーレイさんが移ってきてから、コンラッド大阪のペイストリーが美味しくなったとの噂を聞いていました。そのジミーさんがスミレとアールグレイのスコーンをアフタヌーンティーメニューに入れたと聞いて、早速取材させていただくことにしました。

ところが、このスコーンの提供は1シーズン限りとのこと。とても残念に思っていたところ、何とシェフが目の前でスコーンを作り、秘蔵のレシピまでくださったのです。

シェフ曰く「スミレの繊細なテイストとアールグレイの香りがお互いを高め合うレシピになるよう気を使いました」とのこと。

アールグレイの後にほのかなフローラルの香りが口の中に広がり、とてもロマンティックなお味。テクスチャーはどちらかといえばフレンチスコーン寄り。これぞ「五感で味わうスコーン」という完成度に感激しました。

レシピ通りにスミレとアールグレイのスコーンを作り、スミレのお茶会を開きました。

40スカイバー&ラウンジ　大阪

スパイラルアフタヌーンティー／
1人分／7,000円（税別・サービス料込）

時間	120分制
フーズ	セイヴォリー4種、ペイストリー4種、プレーンスコーンともう1種のスコーン
ジャム	1種(自家製)
クロテッドクリーム	クロテッドクリームではなくザネッティのマスカルポーネチーズを添えています
紅茶	TWG Teaの「ロイヤルダージリンFTGFOP 1」「スウィートフランスティー」「フレンチアールグレイ」「ヴァニラブルボンティー」「ニューヨークブレックファスト」「コンラッドオオサカティー」「コンラッド1/3/5ティー」「モロカンミントティー」の6種類を楽しめる。茶葉変更可
ミルク	高温殺菌の牛乳。冷やしたミルクで提供。希望があれば温めることも
HP	https://conrad-osaka.hiltonjapan.co.jp/ メニュー内容、システム、価格、時間などは変更あり。詳細はHPで確認してください。

※画像はイメージです。

バトラーとアフタヌーンティー

主役はマダム、バトラーは陰の立役者

バトラー、日本語に訳すと執事。イギリスでアフタヌーンティーが流行した19世紀、貴族の館には多くの使用人が仕えていました。主人に忠誠を誓い、秘書的役割をしながら組織を統括していたのがバトラーです。

バトラーといえば、映画やドラマから大邸宅を仕切る燕尾服を着た恰幅のいい初老の男性をイメージするかたもいれば、数年前に日本で流行した執事カフェの影響から、黒服を身にまとったイケメン男性をイメージする方もいらっしゃると思います。いずれにせよ、多くの方は「バトラーは正統なアフタヌーンティーには欠かせない存在」と思われているのではないでしょうか。

実は、（P.33）でお話ししたような、茶道の「茶事」にあたる少人数でのフォーマルなティーセレモニーにおいては、マダム自らがゲストをもてなすため、バトラーが表舞台で取り仕切ることはありませんでした。

アフタヌーンティーの主役はあくまでもマダム。バトラーはそれを支える裏方のトップというわけです。

名バトラーはゴシップまで把握!?

アフタヌーンティーの準備でマダムが最初に行うことがゲストの選定です。ここは茶道でいう連客の組み合わせ「客組」。誰を招くかということは茶会の格を左右する重要な仕事でした。マダムは、この段階からゲストのゴシップを含め情報通のバトラーに相談します。

まずは第一主賓を決めて、マダムが招待状を書きます。通常、ディナーなどのパーティーの招待状はバトラーが代筆していましたが、「招待状から始まり、お礼状で終わる」といわれるアフタヌーンティーは特別です。

正式な茶事の場合も、招待状は亭主が巻紙に毛筆で書き持参しますが、こちらもまったく同じ。使用人が何人いようと、インビテーションカードは女主人自らが、西洋のお習字であるカリグラフィーで直筆しました。本文は英語ですが、最後にフランス語で「R.S.V.P.」という略語をそえるのも流儀でした。これはRépondez s'il vous plaît から頭文字をとったもので、「お返事をお願いします」という意味。当時の英国貴族にとってフランス語はたしなみのひとつでもあったのです。

シーリングワックス（封蝋（ふうろう））が施されたインビテーションカードをうやうやしくお持ちするのは、バトラーの役目。正装し、馬車に乗って主賓の元へと届けます。

主賓から承諾が来ると、茶席でいう「趣向」、そして道具組の「選定」に入ります。セレモニーのテーマを決め、紅茶やティーフーズのメニュー、器のコーディネートから音楽に至るまでプランニングをしていきます。

ここでもバトラーは、マダムのよき相談役。大貴族の「名バトラー」ともなると、長年のキャリアとネットワークから、ゲストの序列や関係性といった繊細な部分、最近の評判、趣味や好みといった個人的な志向に至るまで詳細なデータを蓄積しています。このため、マダムに対しても的確なアドバイスができたのです。

アフタヌーンティーはお屋敷の一大イベント

段取りが決まると、バトラーは準備が滞りなく進むように総指揮を執ります。当日までの細かなスケジュールを逆算し、仕事は分担を決め指示を出すのです。

屋敷の中では使用人も階級社会。準備は総出で行われましたが、仕事も細分化されていて、雑務の多くはフットマンやハウスメイドたちに割り振られました。

男性使用人はゲストと接する機会もあったため見た目も重視され、キャリアより身長やルックスの良し悪しで、出世や賃金が変わるシビアな面もあったといいます。

当日の準備もバトラーの指示によって行われますが、あくまでもそれは言葉通りのお膳立て。バトラーはマダムを裏から支える引き立て役に徹しつつ、陰の主役として裏ですべてを仕切っていた存在だったのです。

時代の変化とともに、バトラーが活躍する場は、貴族の館からホテルへと移りました。ゲストが快適に過ごせるようなサポートを行う職として、今なお輝き続けています。

帝国ホテル 東京

伝統と格式のバトラーつきアフタヌーンティーを体験

5分で完売する大人気企画に潜入

アフタヌーンティーラバーズの間で幻とも囁(ささや)かれているのが、「帝国ホテル 東京」のバトラーアフタヌーンティー。

英国フェア期間中、特別な席で専任のバトラーが丁寧にサービスしてくれるスペシャル企画です。日数や席数も限られており、予約開始から電話が鳴り止まず、瞬時に席が埋まってしまうという人気ぶり。

ここでは、そんな日本全国の紅茶好きの憧れ、バトラーアフタヌーンティーのすべてを余すところなくお伝えします。

英国大使館仕込みのバトラー

帝国ホテルのバトラーサービスがなぜ至高なのかというと、その理由は英国大使館仕込みのスキルと伝統の融合にあります。

バトラーアフタヌーンティーを始めるにあたって、帝国ホテルのバトラー候補たちは、英国大使館の現役バトラーから、執事としての心得や立ち居振る舞い、紅茶の注ぎ方に至るまで直々に伝授されたといいます。そうしてスキル面の研鑽(けんさん)を積み、そこに帝国ホテルが長年培ってきたおもてなしのホスピタリティが重ね合わされ、洗練された独自のスタイルが完成しました。

エリザベス女王の午餐会が開かれたこともある日本を代表する由緒あるホテル。英国の気品が醸し出されているのも納得です。

今回、エスコートしてくださった西脇司さん。取材時は「インペリアルラウンジアクア」のチーフバーテンダーとして勤務。バトラーを務めるようになってから、お酒と同じくらい深い世界を持つ紅茶の世界にはまったそう。日本紅茶協会認定ティーインストラクタージュニア。

バトラーアフタヌーンティーを誌上体験

みなさまにも、至福の紳士・淑女体験を味わっていただけるように、
バトラーアフタヌーンティーを誌上で再現してみました。
この機会にフォーマルな場でも通用するような、
たとえばエリザベス女王のお茶会に招かれたとしても、
堂々と振る舞えるマナーを一緒に身につけてみましょう。

1 バトラーによるエスコート

バトラーのエスコートは、アフタヌーンティーをいただくドローイングルームの扉を開けるところから始まります。

バトラーサービスが行われるスペースは、英国人設計士がデザインした正統派ブリティッシュスタイルの空間。

2 紅茶のセレクトを相談

紅茶とティーフーズの説明を受けます。ここで、じっくりペアリングについて相談します。ティーソムリエのような存在のバトラーと、会話しながらセレクトできるのもこのサービスならではの醍醐味。

3 バトラーがゲストに茶葉を見せて確認

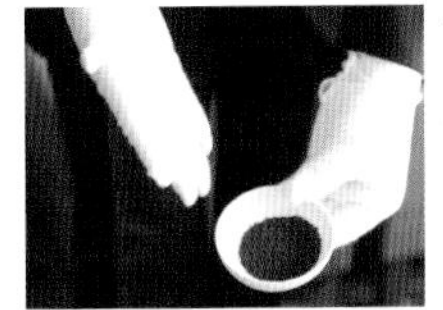

紅茶の説明だけでなく、茶葉まで見せて説明するのはまさにフォーマルなスタイル。茶葉確認の器まで用意されています。

【茶葉の香りや色を確認】

器を手に取り、リーフのグレード、よれ具合、色や香りを確認します。

4 ナプキンもバトラーにお任せ

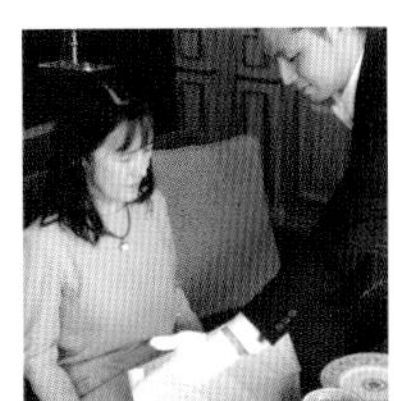

絶妙なタイミングでナプキンを膝の上に広げてくれます。

5 うやうやしく紅茶がサービスされる

淹れたてのベストな状態で飲んでいただけるよう、ポットではなくカップでサービスをしています。

6 紅茶の飲みかたのポイント

フォーマルなアフタヌーンティーはローテーブルとソファーが基本。その場合、ティーカップはソーサーごと胸の高さに運びます。紅茶をいただくときにはハンドルに指を通さず、つまむように持つとエレガント。

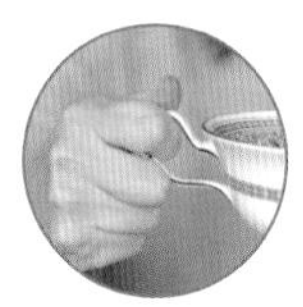

7 スリーティアースタンドがワゴンで登場

バトラーがワゴンでシルバーの3段スタンドを運んできます。これは帝国ホテルのオリジナルスタイル。今回の茶器はウェッジウッドの「フロレンティーンターコイズ」。

8 ティーフーズのいただきかた

【いただく順番はセイヴォリーから】

サンドイッチをはじめとするセイヴォリー、スコーン、そして最後にペイストリーの順でいただくのがスマート。

【ティーフーズは左手で】

フィンガーフーズの場合は、左手を使い指先をそろえて口に運びます。なぜ左手かというと、ティーカップを持つのが右手なので、ハンドルを汚さないようにするため。ティーマナーも茶道の作法と同じく合理的なのです。

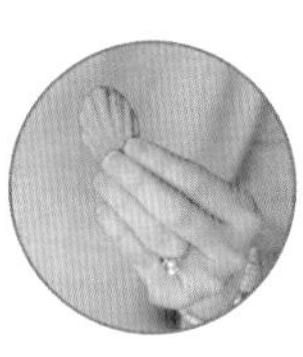

9 バトラーと過ごす 紅茶談議の時間

さて、次の1杯は？ と思った瞬間にバトラー登場。茶葉交換に迷ったらぜひご相談を。実は食べている間にも複数のバトラーがテーブルを回り、紅茶、器、メニューについて、とっておきの話を語ってくれます。

10 スコーンも正統スタイルで

スコーンは、セイヴォリーを食べ終えるタイミングを見計らって、温かい状態でサーブされます。この細やかな配慮も英国式の正統なスタイル。

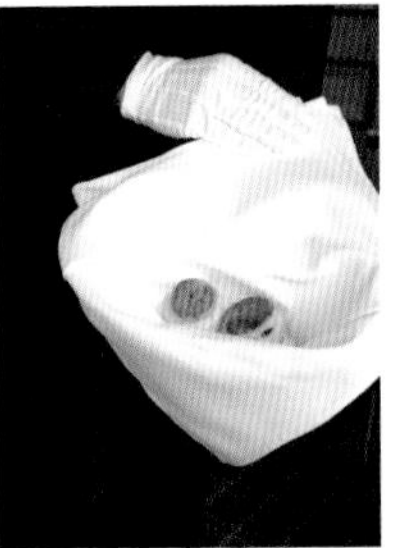

【スコーンのいただきかた】

まず、中心あたりを手でおさえ、半分に割ります。

次にジャムとクロテッドクリームをお皿に取り分けます。

クリームがスコーンの熱で溶けないようにジャムを先に、その上にクロテッドクリームをのせます。私はジャムファースト派ですが、ここはお好みで。

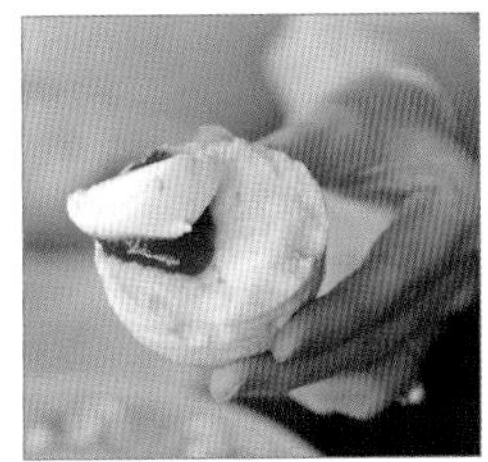

ジャム＆クリームは食べる分のみ塗ります。スコーンのサイズが大きい場合は、一口サイズに割ってから。いただくときは左手で。

11 ペイストリーのいただきかた

フィンガーフーズは自分のお皿に取り分けてから左手でいただきます。グラススイーツなどはカトラリーを使って。

12 フィニッシュ

すべてを終えたら席を立ちます。ナプキンは使用した面を内側にして軽くたたんでテーブルの上に。

【中座をするときは？】

途中で席を立つ際は、ナプキンは椅子に置きます。その都度バトラーが新しいナプキンに替えてくれるという徹底ぶり。

いかがでしたでしょうか。紅茶やお菓子に詳しい方は、ぜひマニアックな紅茶やお菓子談義をバトラーと交わしてみてください。フォーマルなアフタヌーンティーが初めてというかたは、バトラーがその第一歩をアテンドしてくれます。このような舞台でアフタヌーンティーデビューができれば、一生忘れられない体験になるはずです。一流に触れることの大切さや極意をぜひ実感してみてください。

ティーマナーは階級によって違います

マナーには意地悪な一面も!?

バトラーアフタヌーンティーの体験を見て、「アフタヌーンティーに正式なマナーなんてあるの?」と驚かれた方もいらっしゃるかもしれません。

実は、マナーを重んじるイギリスでは、「紅茶を一杯飲む姿を見れば、その人の品位や教養がわかる」といわれるくらいティーマナーは大切なもの。ティータイムの立ち居振る舞いは、その人が育った背景や知的センスを表す、階級指標とされているのです。

ちょっぴり意地悪な話ですが、階級社会のイギリスでは、初対面の方とお会いすると、無意識のうちに階級探知機がピピッと作動するといわれています。それくらい、言葉遣い、所作、そしてマナーが階級によって違うのです。

ティーマナーを身につけることは一生の財産であり、レディーの必須科目ともいわれています。

人によって本によって言うことが違う

繊細な部分だからこそ難しいのがティーマナーの世界。私が紅茶留学に行くきっかけとなったのも、本当のマナーが知りたい、その一心からでした。

たとえば、紅茶に入れるミルクについて、書籍には「ミルクを先に入れるのが英国流」と書いてあるのに、ある先生に聞くと「絶対にミルクはあと!」といいます。飲みかたにしても、「ハンドルに指を通すな」と言う人もいれば、「そんなことないわよ、しっかり握るのがマナーよ」と真逆のことを言う人もいます。

いったい、なぜ、人によってマナーが違うの……?

正解がわからないまま、日に日に疑問が膨れ上がり、最後はイギリスへ行って自分で答えを探すしかない!と考えるようになりました。

現地へ行ったからといって、すぐに正解が見つかったわけではありません。イギリスで出会ったほとんどのかたが、「堅苦しいマナーなんてないわよ。お茶の時間を愉しむ、それだけ」と優しく微笑むだけ。

文献を探しても、マナーの違いまでは書き記されてはいません。答えを解く鍵が階級＝クラスにあるとわかるまでにずいぶん長い月日がかかりました。

階級によるマナーの違いは茶道の流派にあたる

イギリスでアフタヌーンティーについて研究をしているとき、ふと「アフタヌーンティーは英国版の茶道」なのだと思い当たりました。

作法に関してもどちらも似たようなところがあり、ハウツー本を読んで身につくものではなく、長い時間をかけて継承されていくという側面があります。

そして、茶道の流派にあたるものが、イギリスの階級というわけです。

茶道でも流派によって、作法やお点前、茶菓子のいただき方やお道具がそれぞれ異なりますよね。

それらに正解がないのと同じように、英国式のマナーにも正解や間違いというものはありません。

それぞれが身につけている作法が、どのクラスに通用するマナーなのか、ということなのです。

マナーを身につける意義

正式なマナーなんて知らなくても、気軽にアフタヌーンティーを愉しむことはできます。

ただ、お茶席に招かれたとき、間違っていたらどうしよう、と不安ばかりでは心から愉しむことはできませんよね。マナーを知ることで、自信を持って堂々と振る舞うことができれば、ティータイムはより豊かな時間になります。

ベーシックなマナーさえ心得ておけば、どのようなシーンでも通用しますし、ＴＰＯにあわせて臨機応変に使い分けができれば上級者。

はじめは慣れない振る舞いや作法も、愉しみながら実践してみてください。経験を重ねることでブラッシュアップされ、自然と身についていきます。それが真の気品につながると思うのです。

マナーは思いやりです

最後にひとつ、忘れないでいただきたいことがあります。マナーの根底にあるのは「思いやりの心」。マナーがなっていない、間違っている、などと人様をジャッジするような行為こそ究極のマナー違反です。

千利休が遺した「利休七則」に「相客に心せよ」という言葉があります。互いに尊敬しあい、心を配りあい、心地のよい時間と空間を過ごせるよう他人を思いやる気持ちを持つ――。これも茶の湯とアフタヌーンティーに共通する心得です。

英国大使館のレシピを受け継いだ正統派 プレーンスコーン

Memo

◆アフタヌーンティーでいただけるスコーンは、2021年に開設110周年を迎えたホテル内のベーカリーで作られています。
◆スコーンは、ホテル内ショップで購入可能。美味しいリベイク方法は、電子レンジで3〜4分温めます。

帝国ホテル 東京

紅茶こぼれ話

バトラーサービスは新鮮な感動の連続でしたが、なかでも驚いたのが紅茶の淹れ方です。

実際に目の前で見せていただくと、それは日本紅茶協会のセオリー通り。聞けば、毎年、帝国ホテルからティーインストラクターの研修を受けているのだとか。

ホテルのバックヤードでは、業務用の給湯器のお湯で紅茶を淹れることが多いのですが、ここではケトルを使ってその都度新鮮な水を沸騰させ、茶葉のジャンピングを確認してから砂時計で時間を計るという徹底ぶり。また、ミルクは直接温めることによる熱変性を防ぐため、クリーマーをあたためて提供しているとのこと！

そこまでこだわって1杯ずつ丁寧に淹れられたバトラーサービスの紅茶、味の違いは歴然です。

上）ケトルで500円玉大の泡が現れるまで沸騰させた湯で淹れます。
下）茶葉に湯を注いで蒸らしたら、ひと混ぜしてポットの中の濃さを均等にします。

年に1度だけの開催
英国フェア A taste of Britain

左上から『火曜クラブ』よりトライフル、『動く指』よりブレッドプディング、メレンゲ、『バートラム・ホテルにて』よりキャラウェイ・シードケーキ。

帝国ホテル 東京は2016年から秋に「英国フェア」を開催してきました。インペリアルラウンジ アクアのアフタヌーンティーも、英国の食材や食文化にちなんだメニュー構成で大人気。毎年、このフェアを待ち望んでいる熱心なファンも多くいます。

2020年はアガサ・クリスティーをテーマに、彼女の好物や小説に出てくる料理をアレンジしたメニューが登場し、アフタヌーンティーファンだけではなく、あらゆる英国文化のファンの間で盛り上がりました。

2021年は、英国文化を語るうえで欠かすことができないイングリッシュガーデンとアンティークがテーマ。ヴィクトリア時代の銀器やティーカップを使ったバトラーサービスが体験できるそうです。

正統派英国式アフタヌーンティーを楽しみたい方には、ぜひとも体験していただきたいフェアです。

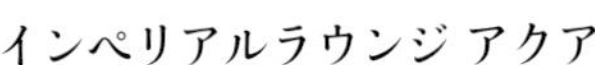

インペリアルラウンジ アクア　東京

バトラーアフタヌーンティー／1人分／13,000円（税別・サービス料込）

時間	120分制
茶器	ウェッジウッドの「フロレンティーン ターコイズ」
フーズ	セイヴォリー6種、ペイストリー4種、プレーンスコーンとレーズンスコーン（アレルギー対応相談可）
ジャム	いちごジャム、はちみつ
クロテッドクリーム	おかわり可（有料）
紅茶	ラプサンスーチョン、ウェッジウッドティー5種。茶葉変更可
ミルク	高温殺菌。温めたミルクピッチャーに入れて常温で提供。リクエストで低脂肪牛乳や冷たいミルクでの提供も可
HP	https://www.imperialhotel.co.jp/j/tokyo/restaurant/imperial_aqua/ メニュー内容、システム、価格、時間などは変更あり。アフタヌーンティーの内容は季節ごとに変更。詳細はHPで確認してください。

※上記は2020年9月・10月に開催した情報です。

ガーデンアフタヌーンティーは最高のおもてなし

イングリッシュガーデンのルーツ

アフタヌーンティーの中でも最高に贅沢とされているのが、色とりどりの花が咲き乱れるイングリッシュガーデンでのティータイムです。

イギリスは「世界で最も自然や庭を愛する国」といわれ、国民の約8割がガーデニングを趣味とするガーデナー大国。自分の理想の庭を造るため、手間を惜しまず愛情を注いでいます。

イギリス人にとって、ガーデニングはライフスタイルそのものであり、自然を愛し、心の豊かさを重んじるという人生観を表しているといっても過言ではありません。

庭は「もうひとつのサロン」ともいわれ、ドローイングルームから眺められるその風景は、どのような絵画にも勝るもの。ゆえに、花が咲き乱れる庭でのアフタヌーンティーは、昔から至高のおもてなしとされてき

『ダウントン・アビー シーズン1』
〈バリューパック〉Blu-ray & DVD 発売中
発売元：NBCユニバーサル・エンターテイメント

※2021年9月の情報です。

ました。

青々と茂る芝生の上にティーテーブルとダマスク織りのクロスをセットし、シルバーのカトラリーや陶磁器のティーセットを並べ、バーナースタンド付きのケトルを使ってお茶を淹れるという優雅さ。茶道の野点籠のように、専用の茶道具を作らせた貴族もいたほどでした。

まるでドローイングルームをそのまま庭に持ち出したようなエレガントなスタイル、それがガーデンアフタヌーンティーです。

ヨーロッパにおいて中世までの庭の役割は、薬草園や果樹園などを中心とした暮らしに必要な存在でした。愛でるための庭造りは、16世紀、イタリア・ルネサンス後期から始まります。17世紀に入るとフォーマルガーデンと呼ばれる幾何学模様の作庭技法がフランス貴族を中心に盛んになりました。

18世紀、イギリス貴族の間で流れが変わりはじめ、人工的に造り込まれた整形庭園とは対照的に、自然そのものの風景を庭園に取り入れた独特の様式へと変化していきます。

日本庭園とも通じる、「草花は野に咲く姿そのままに、華やかすぎず、作りすぎず」という自然主義の英国式庭園（ランドスケープガーデン）の誕生です。

19世紀ヴィクトリア時代、ミドルクラスにもこの考えが広まり、庭のある邸宅に暮らし、季節の花やハーブを育てることがステイタスシンボルとなりました。こうして、趣味としてのガーデニングが広まっていったのです。

日本庭園とイングリッシュガーデンの関係

英国のアフタヌーンティーと日本の茶道との共通点のひとつとして、庭を重んじ、庭を含めた空間全体がおもてなしと捉える精神が挙げられます。

私は、英国貴族の館を訪れると、必ず庭を散策するようにしているのですが、ある日訪れた庭の一角にあまりに見事な日本庭園と茶室が設（しつら）えられていて驚いたことがあります。

イングリッシュガーデンと日本庭園。初めはミスマッチに見えたのですが、眺めているうちに、お互いの自然美が織り成す風景が何ともしっくり溶け込んでいることに気づきました。

そういえば、イギリスの街中にある公園の中にも日本庭園を見かけることがあります。ロンドンのオアシス、リージェンツ・パークやホーランド・パークにも四季折々の草花に囲まれた風情溢れる日本庭園がありますし、キューガーデンの中には１５００坪に及ぶ枯山水庭園が広がっています。

石灯籠や蹲踞（つくばい）に異国の地で出会うと、何とも不思議な気分になりますが、日本庭園が織り成す美は「空間芸術」として文化や言葉の壁を超えて五感に響くのでしょう。

イギリスの庭師から教わった大切なこと

日本人の私たちでさえ理解するのが困難な侘び寂びの精神を、イギリス人はどのように捉えているのでしょうか。それを知りたくて、日本の英国大使館でガーデナーをしていた経歴を持つイギリス人の家庭にホームステイをしたことがあります。

プロの目から見ても、日本の庭には英国の美意識とは異なる、五感に訴えイマジネーションを掻き立てる小宇宙のような魅力があると話をしてくれました。

日本庭園への憧れは19世紀にも流行した日本趣味「ジャポニズム」が大きく影響しており、鹿鳴館や三菱一号館を設計したジョサイア・コンドルが１８９３年に出版した『Landscape Gardening in Japan（日本庭園論）』によってさらに関心が高まりました。この頃にはイングリッシュガーデンの一角に日本庭園を造る貴族も出現したそうです。

廃墟趣味の影響もあり、日本から取り寄せた灯籠やオブジェが雨風にさらされ朽ちていく様を風情と捉え、わざわざ風化させるためにヨーグルトやバターミルクを塗るエイジング加工なども施していました。この朽ちていくものに美を見出す精神は日本の侘び寂びとも共鳴します。

日本庭園や枯山水（Zen Garden）は現在も人気があり、個人邸でも見かけることがあるといいます。もっといろいろな庭を見て学びたいと思っていたところ、オープンガーデンを教えてもらいました。

〝National Garden Scheme〟というチャリティー活動の一環で、厳しい審査によって選び抜かれたプライベートガーデンが一般に公開され、誰でも気軽に訪問することができるというのです。

それからというもの、ハンドブック片手に夢中になっていろいろな庭を訪ね歩きました。庭を見るという目的のほかに、もうひとつお楽しみがありました。

それは、ティータイム。どの家にもたいてい紅茶とお菓子が用意されていて、美しい庭を見終わった頃、「お茶はいかが？」と声をかけてくれるのです。

庭は眺めるだけではなく、コミュニケーションの場でもある……。そんな「英国流のおもてなし」というものを教わりました。

※個人邸の庭を公開する オープンガーデンのポータルサイト
「National Garden Scheme」（http://www.ngs.org.uk）

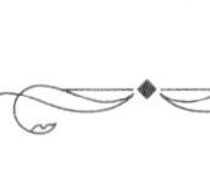

ルゼ・ヴィラ

滞在して愉しみたい ガーデンアフタヌーンティー

庭を眺めながら 至福のひととき

「紅茶とバラの国」と呼ばれるイギリス。イングリッシュガーデンのなかでもひときわ愛されているのがローズガーデンです。

バラが咲き誇る庭を眺めながら、テーブルに真っ白なレースのクロスを敷き、ティーカップ片手にアフタヌーンティーをいただく。そんなイギリス人も憧れる優美なティータイムを堪能できるのが、軽井沢レイクガーデンのほとりにたたずむ「ルゼ・ヴィラ」です。

蔦が絡まるレンガの門を抜けると、噴水の向こうに英国のマナーハウスを思わせるような瀟洒な洋館が目に飛びこんできます。

館に足を踏み入れると、そこはアンティークに囲まれた重厚でラグジュアリーな空間。さらに奥のドローイングルームの裏手には、プライベートガーデンが広がっています。ここでは、毎年6月中旬～7月上旬頃にかけて、満開のバラを愛でながらアフタヌーンティーを愉しむことができます。

おすすめはテラス席。紅茶とバラの香りに包まれながら過ごす午後のひとときは、まさに夢心地です。

まるで茶室へと向かう露地のよう。バラが咲き乱れると、夢の世界へと続く一本道のようにも思えます。

ドローイングルーム。貴族の館を彷彿とさせる重厚感。家具はすべてアンティーク。立派なマントルピースもじっくり鑑賞しましょう。

大きな窓を額縁に見立てて

ルゼ・ヴィラのドローイングルームの魅力は大きな窓。イギリスの庭が美しい邸宅でのアフタヌーンティーでは、窓を額縁に見立てて、そこから見える庭を大きな1枚の絵のように鑑賞し、自然や庭を愛でることも愉しみのひとつとされています。

目の前に広がる庭園と奥の湖畔を望む窓は、色とりどりの水彩画のよう。どの席からもこの自然美に溢れた風景を眺めることができます。

秋には赤や黄色に色づく紅葉とハラハラと舞い散る木の葉、冬には葉の落ちた木々が池の水面に映し出される幻想的な景色と、バラのシーズンを過ぎても季節ごとに移ろう表情を見せてくれます。

寒い日には、暖炉に火が焚かれます。優美な細工が施されたアンティークのマントルピースとゆらめく炎を眺め、パチパチとはぜる薪の心地よい音を聞きながらいただく一杯の紅茶。ゆっくり流れる時間の中では、ことのほか美味しく感じられるものです。

湖畔に佇む特等席でピクニックティーを

さて、ルゼ・ヴィラには秘密にしておきたいとっておきの場所がまだあります。それは、湖のほとりにあるテーブル席。この場所を見た瞬間、イギリス湖水地方にあるマナーハウスでの「ピクニックティー」を思い出しました。

ピクニックと聞くと、青々と茂る芝生の上にブランケットを敷いて、ハンパーを広げるというカジュアルな光景をイメージされる方も多いと思いますが、英国の紳士・淑女にとって、ピクニックティーはエレガント

湖畔にある特等席。どの時間帯に座っても、美しい風景を見せてくれます。

な社交の場でもあったのです。

かつての英国貴族の暮らしが垣間見えるマナーハウスで、バトラーが用意してくれたのは湖畔でのピクニックティー。

真っ白なクロスの上に銀器のビスケットウォーマーを広げ、当時の貴族たちの優雅なカントリーライフを偲びました。

この特等席でアフタヌーンティーを楽しめるか伺ったところ、宿泊のゲストなら対応してくださるとのこと。

映画のワンシーンのような秘密の花園でのティータイム。きっと忘れられない思い出になるでしょう。

上）自然の姿を大切にした、造り込みすぎないイギリススタイル。
下）秋の野バラ。バラのシーズンは6月中旬〜7月上旬、8月中旬から2番花、霜が降り10月初旬まで楽しめます。

ルゼ・ヴィラは全室スイートルームで、各部屋にはリビングルームがあります。自宅から持ってきたお気に入りの茶葉やお菓子でティータイムを楽しむ常連客も多いそう。

部屋の窓から見える庭の景色もまた格別です。

できることなら、ドローイングルームだけでなく、宿泊してゆっくりアフタヌーンティーを愉しんでみてください。

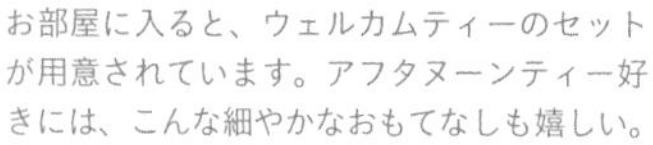
お部屋に入ると、ウェルカムティーのセットが用意されています。アフタヌーンティー好きには、こんな細やかなおもてなしも嬉しい。

ラウンジ ｜ 長野

Afternoon tea ／ 1人分／ 4,000円（税込）

時間	13:00～16:00／完全予約制
茶器	国内外、ブランドを問わずかわいらしい茶器がいろいろと
カトラリー	シルバー
フーズ	セイヴォリー６種、スイーツ５種、自家製サクサクスコーン、季節のフルーツ
ジャム	季節の自家製ジャム
紅茶	オリジナルローズティー。ポットサービス。おかわり有り
ミルク	ご希望があれば
HP	http://www.villa-ruze.jp/ メニュー内容、システム、価格、時間などは変更あり。詳細はHPで確認してください。

意外と知られていないスコーンの歴史

初期のアフタヌーンティーにスコーンの姿はなかった

アフタヌーンティーの定番ともいえるスコーンですが、文献を調べると初期の頃のアフタヌーンティーに、現在のような形のスコーンは登場していなかったようです。

お茶のお供の定番といえば、ビスケットやバター付きのパン。特に冬のお茶会で好まれたのがクランペットです。トースティングフォークと呼ばれる専用の長いフォークを使って、暖炉の火でトーストし、あつあつの状態でバターやはちみつと一緒にいただきました。

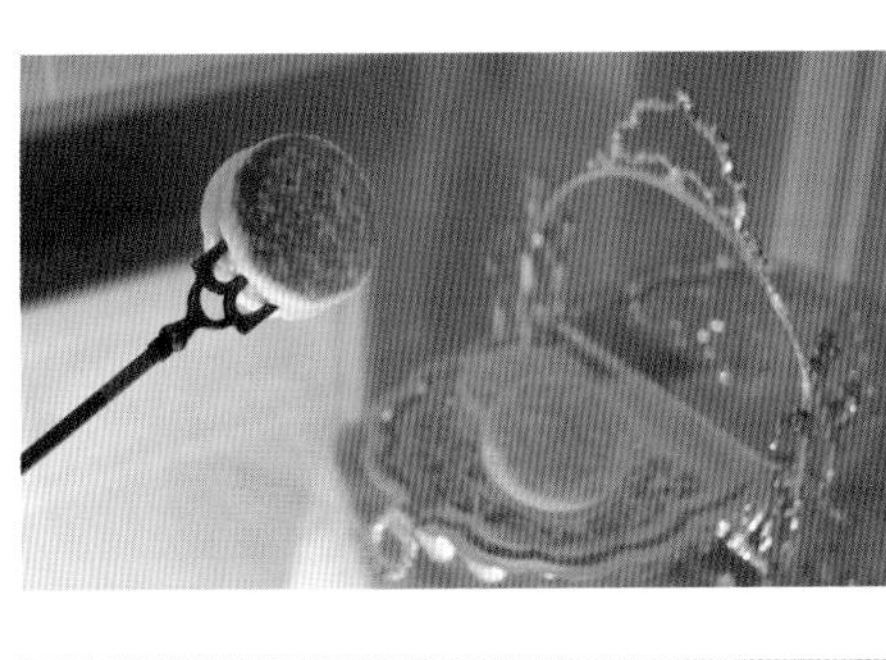

スコーンの起源はスコットランドにあり名前の由来は〝運命の石〟

スコーンの起源は中世のスコットランドで発祥した「バノック」と呼ばれる原始的なパンの一種に由来します。北国のスコットランドでは小麦の栽培がむずかしく、大麦を使って平たい丸型に捏ね、バノックストーン（石）やグリドル（鉄板）を暖炉に吊るして焼いた固いパンを昔から食べていました。

ヴィクトリア時代に入ると小麦粉も手に入りやすくなり、さらにベーキングパウダーやオーブンが発明されたことによって、現在のような高さのあるふっくらとした形と柔らかな食感となり、食事のパンとしてだけではなく紅茶によくあうお菓子としても、英国中に広まっていきました。

スコーンという名前が初めて文献に登場するのは1513年のこと。ネーミングの由来は、エジンバラにある運命の石（Stone of Destiny）からきているという説が有力です。

この石は、元々聖地パレスチナにあったもので、幾度もの争奪戦の末に先住民のスコット族によって持ち込まれたというパワーストーン。スコットランド王家の守護石とされ、歴代国王が戴冠式に使用する玉座にも用いられた、まさに〈聖なる石〉なのです。

英国でアフタヌーンティーのマナーを教えていただいた際に、スコーンをナイフでカットしてはいけませんというお話がありました。それは、スコーンが神聖な石に由来しているため、ナイフを入れるという行為が不敬な振る舞いにあたると考えるかたもいるからという理由でした。

ただ、イングランド出身の先生がおっしゃるには、「でもね、それはスコットランドの伝統的な習慣。もともとイギリスは4つの国から成り立っていて色々な考えかたがあるし、今はそれほどうるさく言う人もいないの。若い女性のなかには手で食べることに抵抗感を抱くかたもいて、ナイフとフォークでカットしながら食べる人もいるくらいよ」とのこと。

確かに、スコットランドのティールームで、スコーンをナイフで縦割りにした女の子に、おばあちゃまが「手でこうして横に割るのよ」と説き聞かせているシーンに遭遇したこともありました。

その光景を目にして、作法を単なる知識として覚えるのではなく、なぜそのマナーができたのか、その背景を知ることが大切なのだと痛感しました。

スコーンは家庭の数だけレシピがある

スコットランド発祥のスコーンはイギリス全域へと広まり、どの家のキッチンにもある材料で気軽に作ることができるため、〈家庭の数だけレシピがある〉といわれています。

日本のお雑煮と同じように、地方によっても味や形に特色があるのも興味深いところ。本家スコットランドへ行くと、粉本来の味を生かして、砂糖や卵が入らないバノック型のスコティッシュスコーンに出会えたり、アイルランドでは特産のポテトをスコーンに加えたアイリッシュスコーンなども作られています。

地方菓子と同じように、土地ごとに育まれてきたのがご当地スコーンともいえるカントリースコーンで、それを受け継いでいるのがティールームのスコーンなのです。

ホテルとティールーム、スコーンの違い

20世紀に入り、ホテルアフタヌーンティーが普及するとともに、シェフたちの手によって洗練されたスコーンがテーブルに並ぶようになります。ただし、同じスコーンとはいえ、ホテルとティールームでは違いがあるのも興味深いところです。

「スコーンのサイズはロンドンに近づくほど小さくなり、田舎へ行くほど大きくなる!」といわれますが、紅茶留学中、課外授業で食べ歩いたスコーンの考察を行うと、確かにカントリーサイドのティールームで出てくるスコーンはかなり大ぶり。子どもの顔くらいあるビッグサイズに驚くこともありました。対して、ロンドンで出会うホテルスコーンは、他のフィンガーフードにあわせ小ぶりで、しかも、年を追うごとに小さくなっている印象があります。

サイズだけではなく、テクスチャーや味も違います。ティールームスコーンは、狼の口と表現される腹割れがあり、クロテッドクリームの味を引き立たせるために、卵は使わず砂糖控えめ、粉の味をダイレクトに生かした昔ながらのシンプルなレシピが多い傾向にあります。

ホテルスコーンは腹割れがなく、茶菓子の上用饅頭のような形で、強力粉を用いたしっとりとした食感とフレンチスコーンに近い完成された味わいがトレンドです。

スコーンにも流行があるので、英国展などで何種類か食べ比べてみるのも楽しみのひとつ。また、イギリスと日本では粉がまるで違いますので、同じレシピで作っても食感が異なります。特に粉の味によって大きく変わりますので、粉を変えてみたり、粉をブレンドして作り比べるのもおすすめです。

スコーンの原形、ドロップスコーン

現在のスコーンの原形になったといわれるドロップスコーンを、古書をひもとき再現してみました。別名スコッチパンケーキとも呼ばれ、ヴィクトリア時代に使われていたグリドルという器具に流し落として焼き上げたオールドファッションのスコーンです。

第2章

ティールーム アフタヌーンティーの魅力

第2章では、
「ティールームアフタヌーンティー」の
世界をご案内します。
個性豊かなティールームのアフタヌーンティーは
格式高いホテルアフタヌーンティーとは
ひと味もふた味も趣が異なります。
大きな陶器のティーポットに入った紅茶、
ホームメイドの英国菓子、
どこか懐かしいティーセットやカトラリー。
まさにアットホームな
家庭のお茶会に招かれたような気分になります。
オーナーの個性やこだわりがティールームの大きな魅力。
ひとつひとつのティールームの物語をご堪能ください。

タイニー トリア
ティールーム

幸せの気配を感じさせる
夢だったティールームをオープン

東京の下町と
イギリスの田舎の空気感

カウンターの上に並ぶ大きなスコーンに、イギリス帰りのお客様もうならせると評判の伝統的な英国菓子たち。その脇にさりげなく置かれたプディングボウルやティータオル。そして、壁や天井には、自由気ままに飾られたイラストやオブジェ……。

日本にいながらにして、本場イギリスのティールームを体験したいならば、ぜひとも行っていただきたいのがこちら。東京・日本橋人形町にある「タイニートリアティールーム」です。

日本橋人形町界隈は気さくな下町の雰囲気が残る土地柄。そんな昭和レトロな町並みの一角を歩いていると、突如、可愛らしい英国式ティールームが登場しました。

オーナーの慶本佐知子さん曰く「お客様からは『なぜ、ここにお店を開いたの？』とよく聞かれます。なんでしょう、神社が多いせいか〝気〟がいい場所だなと直感したんです。ここで小さなお店ができたら素敵だなって」

この辺りは、家族経営の個人商店が多く、人情の厚い町。慶本さんがティールーム巡りをしたイギリスのカントリーサイドの空気と通じるものがあったと言います。

1畳のキッチンからスタートしたティールーム

慶本さんがティールームをオープンしたのは2016年。オープン後、またたく間に英国菓子ファンの間で評判が高まり、全国からお客様が足を運ぶ人気店となりました。

「当時の店舗は、本当に小さいものでした。キッチンは1畳あるかないかのスペースで。そこで好きなお菓子を作ってのんびりやっていこうと思っていたんです」

ところが、思いのほか忙しくなり、ひとりでは手が回らない事態に。至急キッチンを手伝ってくれる方をお願いする必要が出てきました。

「それには、まず厨房が広い店舗を借りなければならないということで、2019年に今の場所に移転することになったんです」

ところで慶本さん。ティールームを開くまで、飲食店を経営したことはなかったそう。

20代は、寝食を忘れてPR職に邁進。専業主婦になると、今度はお菓子やパン作りに夢中になりました。ワインにもソムリエの資格を取るほど、はまっていたそうです。

「なんでしょう、今は紅茶に一生懸命ですから、発酵するものが好きなんですかね？」と、くすくす笑う慶本さん。

そんな慶本さんの人生も、ちょうど発酵の時を迎えたのでしょうか。ふと「若い頃からなんとなく夢見ていた飲食店をやってみたいな」と思い始めたのだそう。

それにしても「飲食店を開きたい」という夢が、具体的に「イギリススタイルのティールームを開く」に変わったきっかけはなんだったのでしょうか。

「あるイギリスツアーに、なんとなく参加したことです」

若い頃からデヴィッド・ボウイが大好きでミュージックシーンを通してイギリスに興味はあったものの、紅茶やティールームなどにはほとんど興味がありませんでした。

それが、ツアーでイギリスの田舎にある小さなティールームを訪れるうちに、「ああ、自分がなんとなく思い描いていた幸せの形がここにある！」と直観したと言います。

ポットにたっぷり入った紅茶、素朴なお菓子、温かな会話、揃っていないバラバラの食器、使い込まれたティーナイフ――。それらが醸し出す空気と、そこに集うお客さんたちから生まれる雰囲気にすっかり魅了されました。

「私がしたいことは、こういう〝幸せの気配〟を感じられるティールームだ」と確信したそうです。

どう暮らし、どう生きていきたいかだけを考えた

いきなりひとりでお店をオープンさせることに不安はなかったのでしょうか？

「正直、50歳目前という年齢が後押ししてくれました。それがなかったら、決断できなかったかなとも思います。資金に余裕があったわけでもありませんが、生活のためとかビジネスとかそういった計算や意識はなぜかまったく働かなくて、自分がどういうお店を開いてどういう生活をしたいかだけを考えて突っ走っていました。失敗したら……ということを考える余裕もありませんでした」

年齢が夢の実現をためらわせたり、足を引っ張ったりする要因となることが多いなか、むしろ夢を実現するために背中を押してくれたという言葉。とても慶本さんらしいなと思いました。

ティールームから広がる幸せの輪

自然体で前向き、オープンマインドな慶本さんの元には、似たようなお客様たちが集まるようです。お店で知り合ったお客様同士が仲よくなり、アフタヌーンティーにご一緒したり、イベントに誘い合ったりと、楽しい交流もたくさん生まれています。

慶本さんは言います。「ティールームで大切なことはお菓子や紅茶が美味しいこと。でも同じくらい大切なのは幸せそうな雰囲気。その空間でお客様が幸せな時間を過ごしてくれることです。そういうお店が作れたらと思って毎日、お店に立っています」。

カウンターの上にお菓子が並ぶ様子はまさに英国式ティールームさながら。

店頭には、その昔、イギリスでよく使われていたアンティークのデリバリーバイクがあります。

タイニー トリア ティールーム

小さなお客様こぼれ話

タイニートリアティールームには、全国から数多くの常連さんが、幸せな時間を味わいに訪れます。なかには小学生の女の子のお得意様も。週末になると遊園地でもショッピングモールでもなく、タイニートリアティールームに連れて行ってとお母様におねだりするそう。

先日、ついにその少女は自分の大切なお友達をお店に案内し、ふたりきりでスコーンと紅茶のクリームティーを楽しんだといいます。

「お母様から予約の電話が入ったときは、驚くやら、嬉しいやら」と慶本さん。

お友達のカップに紅茶を注いであげたり、スコーンは狼の口から手でぱっくり割って、クロテッドクリームとジャムをたっぷり塗っていただくことなどを、丁寧にアドバイスしていたそうです。

「そんなときですよね。大変なことも多いけれど、ティールームを開いてよかったなって思うのは」

タイニートリア ティールーム ｜ 東京 ｜ アフタヌーンティー／1人分／2,800円〜4,500円（税別）

時間	2時間 11:00、13:15、15:30から選ぶ
茶器	イギリス製のものをいろいろと
カトラリー	イギリス製のものをいろいろと
フーズ	サンドイッチ、ペイストリーを数種類ずつ。プレーンスコーンと季節のスコーン
ジャム	季節のジャムとチャツネ
クロテッドクリーム	中沢乳業
紅茶	ティーメニューのなかから好きなものを1種類か2種ポットで。ウェルカムドリンクやセカンドティーの前にアイスティーがつくことも（メニューによって変更）
ミルク	低温殺菌牛乳。冷たい状態で提供
HP	https://www.tinytoria.com/ メニュー内容、システム、価格、時間などは変更あり。詳細はHPで確認してください。

小さなキッチンで作る紅茶のオリジナルブレンド

カウンターで気になったのが、ティーポットが描かれた可愛らしいパッケージのオリジナル紅茶。セイロンティーのルフナをベースとした、ティールームブレンドとのことでした。

タイニートリアさんほどのティールームであれば、ティーパッカー（茶葉のブレンドなどを行う紅茶メーカー）さんに委託して工場で作っているのかしら？　そう思って聞いてみたところ、「いえいえ、1軒目の店舗で手作業で作っているんですよ」と予想外のお答え。

ぜひ、その現場を拝見させていただきたいと、ブレンド作業を行う日に再度お邪魔させていただくことになりました。

茶葉にストレスを与えないよう丁寧にブレンド

約束の日、元の店舗に伺うと、キッチンにエプロン姿の女性が、小さなボウルを抱え、家庭用の電子スケールで茶葉を量り、手作業でブレンドを行っていました。

女性の名前は石田菜穂美さん。日本紅茶協会のティーインストラクターの資格を持つ紅茶のプロフェッショナルです。

驚くことにタイニートリアのお客様だったそうで、慶本さんと話がはずむうちに、オリジナルブレンドティー作りに携わることになったのだそう。

「茶葉にストレスを与えないように、1袋（50g）ずつブレンドしているんですよ」との言葉通り、本当に少量ずつ、手のひらで包み込むようにやさしく茶葉を扱う姿が印象的でした。しかも、ティーバッグにいたっては2gずつ計量しながら手詰めを行っているとのこと。

愛情をたっぷり注がれた茶葉たちは、いかにも温室育ちという風合い。それは紅茶の味にも素直に表われています。

オリジナルブレンドは特別なおもてなし

丁寧に手作業でブレンドされた紅茶を口にしたとき、ヴィクトリア時代のアフタヌーンティーの光景が頭をよぎりました。

アフタヌーンティーの歴史を紐解くと、オリジナルブレンドティーでゲストをもてなすことは、格式高いおもてなしのひとつでした。

当時のティーセレモニーの様子を少しのぞいてみましょう。

フォーマルなアフタヌーンティーで用意される紅茶は3種類。ひとつ目はアッパークラスが愛したキーマンやラプサンスーチョンなど、オリエンタルでちょっぴりスモーキーな中国系の紅茶。ふたつ目は、ヴィクトリア時代後期から愛好家たちの間で話題になった、高貴なダージリンを中心としたインド系の紅茶。そして3つ目は、その家に代々伝わるハウスブレンドの紅茶。茶道でいう「御家元お好み茶」とでもいいましょうか。御用達にしている紅茶専門店や老舗食料品店に、好みのオリジナルブレンドをオーダーしていました。

当時のおもてなし上手なマダムは、ここでもサプライズを演出。ゲストの前で紅茶の好みを伺いながら、自らがブレンドし、その場で振る舞ってみせたのです。

厳密にいえば、紅茶のブレンドは、ティーブレンダーと呼ばれる熟練したエキスパートの手によって行われるもので、マダムがブレンドした紅茶はミキシングといって区別されるものです。

それでもゲストは、他では味わうことができない特別なおもてなしを受けたと感激したことでしょう。

ティールーム巡りで私がおすすめしたいのが、ティールームブレンドを味わうこと。オリジナルブレンドにはオーナーやそこに携わる人々の想いが表現され、ティールームの横顔（Profile）を垣間見ることができるはずです。

Recipe

バノフィーパイ

イギリスでは老若男女に愛されている
バノフィーパイ。
その名前は、
バナナとトフィーソースの
パイからきた造語なんです。
名付けたのは、このケーキの
生みの親であるレストラン
「ハングリーモンク」のオーナー。
タイニートリアの
バノフィーパイの特徴は
バナナを縦に大きく切ること。
そしてトフィーソースが
オリジナルなこと！
一度は食べてほしいケーキです。

【下準備】

- Aのバターは薄く切って冷やしておく。
- Bをよく混ぜ、冷やしておく。
- Aの粉を合わせてふるっておく
- 型にバター（分量外）を塗り薄力粉（分量外）を軽くはたいておく。

【材料】直径20cmのタルト型1台分

バナナ…3〜4本
インスタントコーヒー…少々

●ショートクラストペイストリー

A バター（食塩不使用）…100g
薄力粉…140g
全粒薄力粉…30g
セモリナ粉…30g
塩…1g

B 卵黄…1個分
冷水…30g

●トフィーソース

C コンデンスミルク…1缶（397g）
バター…120g
ブラウンシュガー…100g
塩…1g

●ホイップクリーム

D 生クリーム（乳脂肪分45%）…200mℓ
グラニュー糖…小さじ1
インスタントコーヒー…小さじ1/2

1

ボウルにAを入れて、手でよくすり混ぜ、Bを加えてヘラでよく混ぜ合わせてひとまとめにする。ラップに包んで冷蔵庫で1時間寝かせる。

2

オーブンを180℃に予熱する。1をめん棒で厚さ2㎜程度の円形に伸ばす。

3

2を型に敷く。型の上からめん棒を転がして余分な生地を除く。

4

生地にフォークで穴をあける。

5

4にオーブンシートをかぶせてタルトストーンを入れて20分、オーブンシートをはずして10分焼く。

6

小鍋にCを入れて弱火にかけ、少しとろみが出るまで、へらで混ぜ続ける。

7

5に6のトフィーソースを流し入れる。バナナを縦に切って、並べる。

8

Dをゆるく泡立てて7の上に流し入れ、表面をパレットナイフなどでならす。

9

インスタントコーヒーをふる。

ベリーズ
ティールーム

29歳でティールームオープン 若きオーナーの挑戦の日々

ティールームの ニュー・ウェーブ到来

近年、本場イギリスのティールーム事情は大きく変化しています。「好きな街で小さなショップを開き、自分流のライフスタイルで働きたい！」。そんな夢を実現する若い世代が増えてきています。

私が紅茶留学をした'90年代中頃は、ロンドンの街中で伝統的な英国菓子が並ぶティールームを見つけることは至難の業でした。

ティールーム経営といえば、リタイアした年配層が、第二の人生を愉しむために趣味を兼ねて郊外でのんびりと開くもの。そんなイメージだったのです。

状況が一変したのは２０１０年から始まったテレビ番組「ザ・グレート・ブリティッシュ・ベイク・オフ」。日本でも放映されていたのでご存じの方もいらっしゃるでしょうか。イギリス全土から選ばれたアマチュアベイカーたちが、10週に渡ってさまざまな課題に挑戦しながら、ベイキングの力量を競い合うリアリティ番組です。社会現象ともいえるほど盛り上がり、ベイキングブームが沸き起こりました。

これにより、ひと昔前には、このまま過去の産物になってしまうのではないかと懸念されていたオールドファッションの焼き菓子やプディングが脚光を浴び始めます。

家庭に受け継がれる１００年前のレシピ書や、おばあちゃんから譲り受けた手書きのレシピを、ノスタルジックな面影を残しつつ、ほどよく現代風にアレンジし、懐かしくも新しい英国菓子を看板とするティールームが登場し、ニュー・ウェーブが起こったのです。

きっかけは趣味の習い事 20代で起業を決意

イギリスでの英国菓子ブームは日本にも飛び火し、英国式ティールームやベイクショップを経営する若手が次々と登場しました。

その先駆けとなったひとりが、東京・浜田山にある「ベリーズティールーム」の若きオーナー、和田真弓さんです。

人気のマントルピースのある個室。

彼女がティールームをオープンさせたのは2013年。和田さん29歳のときです。面積は12坪、座席はわずか15席の小さなお店でした。お店は勢いにのり、5年後には、約2倍の25坪、25席の駅近スペースに移転。事業計画書を書き、銀行から1千万円の融資を取り付けての一大チャレンジでした。

「お店を開くきっかけは大手不動産会社に勤務していた頃の習い事です。気軽な気持ちで紅茶教室に通い始めたら、紅茶の魅力にとりつかれてしまいました。そして、20代でティールームを開く！　と決意したんです」

26歳で結婚。セカンドキャリアを真剣に考え始め、勤めの傍ら、まずは製菓学校の社会人コースに通いました。同時に、経営のノウハウを学ぶため、商工会議所主催の「創業塾」に参加したり、ビジネス書をたくさん読み込みました。

29歳で会社を退職。念願のティールームをオープンさせます。

順風満帆に見えますが、ここで壁にぶつかります。

「半年くらいお客さんが思うように入らず、このまま潰れちゃうのかなと悩みました。そこで、方向転換。独自性を出すために英国菓子に力を入れようと決めました」

当時は本格的な英国菓子を出す店が少なかったこともあり、作戦は大当たり。口コミで全国からお客さんが訪れるようになりました。

抜群の企画力　クランペットが大ヒット！

オープンから2年後、大きなチャンスが訪れます。日本橋三越本店で毎年秋に開催される英国展への出店を誘われたのです。「全国からイギリス好きが集まる絶好の機会に、何か訴求力の強い商品を打ち出したいと考えました」。そこで行き着いたのが、イギリスの発酵菓子クランペット。表面にプツプツと空いた穴にゴールデンシロップを染み込ませて食べる、もちもちとした食感のパンケーキです。さらに、自らエインズレイ社と交渉して、イングリッシュバイオレットのティーセットでスタイリングしました。

この企画が大ヒット！　大行列ができるほどの反響がありました。

「今でも、何であんな地味なもので勝負しようと思ったのかと聞かれるんですが、日本ではなかなか食べられないものがいいなと思ったんです」

ピンチをチャンスに起業家としての挑戦は続く

しかし、ここで2度目の壁にぶつかります。新店舗オープンからわずか1年後、世界中で新型コロナウイルス感染症が流行し、お店も休業せざるを得なくなってしまいました。

「なんてタイミングが悪いんだろうと恨めしく思いましたが、できることをやろうとオンライン販売に全力投球することにしました」

そこで、考案した新たな目玉商品が、人気のケーキ6種類をひとつずつセットにした「英国菓子6種アソート」です。これが、またもや大ヒット！　窮地を救ってくれました。

「ありがたいことに予想以上の注文が殺到しました。保育園帰りの子どもを店に連れてきて、目を配りながらひたすら厨房でお菓子作り。夫が帰宅すると同時に子どもを預け、泊まり込みで作り続けました」

その結果、何と前年同月比で売上げは最高19倍に伸びたそうです。

オリジナルの紅茶は約25種類。一番の人気は「浜田山」。浜田山はティールームのある地名です。

取材を通して感じたことは、和田さんは、非常にビジネスライクな視点を持った新しいタイプのオーナーだということ。最後に、将来の展望を伺ってみました。

「今後はティールームの経営だけではなく、ベリーズをブランド化してビジネスができないかと考えています。確かにちょっと毛色が違うタイプかもしれませんよね」と冷静に分析していました。

今後の展開に期待が高まります。

ベリーズティールーム

梅雨を彩る英国菓子6種アソート。右上から時計回りに、①レモンドリズルケーキ、②ラベンダーケーキ、③ヴィクトリアサンドイッチケーキ、④バナナ＆トフィーケーキ、⑤リッチフルーツケーキ、⑥キャロットケーキ。

ベリーズティールームの救世主ともなった大ヒット商品、英国菓子6種アソートセット。

和田さんにヒットの要因を伺うと、「今もまだ手に入れにくい伝統的な英国菓子がオンラインで買えることと、1ホール分の価格であれこれ食べられることが喜ばれているのでは?」との見解でした。

いったいどんなケーキが組み合わされているのか、気になりますよね。特に多くのお客様から、ラブリー！　と好評だった季節のアソートをご披露いただきました。

ベリーズティールーム　東京

アフタヌーンティー／
1人分／4,070円（税込）

時間	12:00〜、14:30〜の2枠 2時間制、各8名まで
茶器	ミントン、エインズレイなど
カトラリー	シルバー
フーズ	サンドイッチ2種、セイヴォリー3種、ペイストリー4種、スコーン2種など
ジャム	1種（いちご）
クロテッドクリーム	中沢乳業
紅茶	約25種から1つをセレクト。ポットサービス
ミルク	高温殺菌牛乳、冷たい状態で提供
HP	http://berrystea.com/column/ メニュー内容、システム、価格、時間などは変更あり。詳細はHPで確認してください。

アフタヌーンティーファン激震！日本人オーナーのお店がトップティープレイスに

「日本人オーナーのティールームがイギリスのトップティープレイスを受賞した！」そんな衝撃的な情報が飛び込んできたのは２００８年のことでした。

紅茶留学中、週末になると愛好会のメンバーたちと課外授業と称して、カントリーサイドのティールーム巡りをしていたのですが、紅茶の国イギリスといえど、ティールームで出てくる紅茶とお菓子がどこも絶品ということはなく、「Homemade」の看板は名ばかりということも多々ありました。

そんな中で頼りにしていたのが、英国ティーカウンシルが発行するガイドブック『Best Tea Places in England』。いわば紅茶界のミシュランガイド的な存在で、紅茶の味はもちろん、お店のインテリアや食器、清潔さや衛生面、スタッフの知識やホスピタリティーに至るまで、覆面審査員によって厳しい基準をクリアしたティールームのみが掲載を許され、イギリス人からの信頼も厚い一冊です。

なかでも、最高の栄誉が、「トップティープレイス オブ ザ イヤー」。毎年発表の時期になると、「今年はどこのティールームが選ばれるの？」と、紅茶ファンならずともイギリス中から注目が集まる賞で、歴代の受賞店は「ベティーズ」や「ブリッジティールーム」など有名どころがズラリと並びます。

２００８年の栄誉ある称号に輝いたのが「ジュリスティールーム」。オーナーシェフの宮脇樹里さんがご両親とともに２００３年に始めてから5年あまり、歴史ある老舗を差し

英国ティーカウンシルが発行していたガイドブック。紅茶留学当時はネットのない時代。この本を片手にティールームを巡っていました。

置いての快挙は、海を越えた遠い日本でも大変な反響となりました。

コッツウォルズらしい趣のある建物

保守的でプライドの高いイギリス人が認めた最高のティールーム。「これはぜひ行ってみなくちゃ」と、翌年の夏、さっそく足を運んでみることにしました。目指すはジュリスティールームがあるコッツウォルズの小さな村、ウィンチカム。ヒースロー空港から西へ150㎞、2時間程のドライブです。

羊たちが草を食む田園風景が広がる丘陵を横目に、どこまでも続く一本道を抜けると、コッツウォルズ・ストーンと呼ばれる、はちみつ色の可愛らしい家が並ぶ小さな村、ウィンチカムに到着。地図など見なくてもすぐに場所はわかりました。のどかなハイストリートの中でジュリスティールームの周りだけは外にまでお客様があふれていたのですから。

ジュリスティールームのコンサバトリー。樹齢50年のぶどうの木が茂るコンサバトリーはイギリスでも大変珍しく貴重な存在。

築350年、保存指定建造物の店内は一見ノスタルジック。それでいて、カウンターには洗練された英国菓子がズラリと並び、一瞬で甘く幸せな香りに包まれます。

案内されたのは、燦々と太陽の光が射し込むブドウの木が茂るコンサバトリー。美しいイングリッシュガーデンを眺めながら、樹里さん自らの手で焼いたスコーンやケーキをいただく……。まさに夢のような至福のティータイムを過ごしました。

室内を見渡すと、子どもからおじいちゃんまで満面の笑み。美味しい紅茶とお菓子は国境を越えて笑顔の輪を広げてくれること、そしてジュリスティールームが地元の方からいかに愛されているかを実感しました。

「いつか、日本にもティールームを開いてくださいね」。そう言い残し、心の中で再訪を誓いながら、ウィンチカムを後にしました。

ジュリスティールームの人気は凄まじく、ウィンチカムの土地の価格を上げたと不動産屋さんにいわれたほど。

EXPERIENCE

ジュリス ティールームス

ジュリスティールームスを日本でオープンした理由

2017年、あの「ジュリスティールーム」のオーナー宮脇樹里さんが、東京は日本橋の三越に「ジュリスティールームス」を開店する！　そんな大ニュースがアフタヌーンティーファンの間を駆け巡りました。

「そこに至るまで、いろいろなことがあったんですよ」と宮脇さん。今回、初めて胸のうちを語ってくださいました。

母のいないティールーム

「実は、ずっと一緒にティールームを切り盛りしていた、最愛の母が2013年に急逝し、そのショックから声が出なくなってしまったんです。同志でもあった存在を失った喪失感は大きく、なかなか立ち直れませんでした」

ティールームに立って接客することもままならず、しばらくお店も開けたり開けなかったりの状態だったといいます。

「明け方まで仕込みをし、少し寝て、午前中から厨房やホールに立つ。全力投球でそんな毎日を送っていたので、お店に立つことができなくなったら、自分の居場所と存在意義をすっかり見失ってしまって」

その後、ウィンチカムの地元の人たちの励ましもあり、なんとか元気をふるい起こしてお店を再開しますが、接客する元気まではわかず、ほとんどを厨房で過ごしていたそうです。

転機は英国展！

転機は2016年に訪れました。三越日本橋店から「英国展」出店の声がかかったのです。

「久々にお客様の前に立ったのですが、それが、思いのほか、すごく楽しかったんです。全国からお客

テーブルに飾られた1輪のバラとグリーンの内装が美しい。

様が駆けつけてくださって。私の記事が掲載された雑誌の切り抜きを手にして、ガラス越しに『樹里さん！　会いたかったあ』と満面の笑みで挨拶してくださるかたがたくさんいらして。ああ、私の居場所がここにある、求められているって実感できたんです」

英国展では、飛ぶようにスコーンやお菓子が売れ、作っても作っても早々に売り切れてしまったそう。申し訳ないなと思っている樹里さんに、多くのお客様が「今日は樹里さんに会いにきたから、いいのよ！」と優しく声をかけてくださったのだとか。

自然と「このかたたちに応えるには、日本にティールームがあったらいいのかな」と思うようになりました。その後、トントン拍子に事が進み、英国展を機に縁ができた三越日本橋で「ジュリスティールームス」をオープンすることとなったのです。

悩み多き、日本での出店

しかし、日本での出店、それも老舗百貨店の一角ということで、いくつかの壁にぶつかりました。

「食材選びや、スタッフに英国式のお菓子の作り方を伝えることなど、壁はいくつもありましたが、特に頭を悩ませたのは、ティールームにとって一番大切な接客スタイルとアットホームな雰囲気づくりです」

家族構成まで知る地元の常連さんで賑わっていたイギリスの店とは違い、一流百貨店でのティールームでは、フレンドリーにお客様に話しかけるなんてご法度。悩んだ結果「英国菓子を食べたことも、興味もない、ただ足を休ませるために寄っただけ。そんなお客様もいらっしゃるこの場所だからこそ、英国菓子と紅茶の魅力をお伝えする発信場所にしよう」と心を切り替えたのです。

そのために実践したことは、お客様から質問をされたら、素材のことから、作り方、英国の食文化のことまで徹底的に答えること。

その結果「『スコーンってパサパサして美味しくないわね』なんて、おっしゃっていたお客様たちが、今では熱心な常連さんになってくださったんですよ。私の生まれ故郷の日本で、またティールームに携われる道をつけてくださったのも、英国展まで駆けつけてくださったお客様のおかげ。まずはここで、私なりに恩返しをしたいなと思っています」

今、宮脇さんは、オンラインでのレッスンや、英国菓子の通信販売など、さらなる新しい道も模索し始めています。

Recipe

ヴィクトリアサンドイッチケーキ

ヴィクトリア女王のお気に入り
伝統ある英国菓子

【材料】

直径18cm×高さ4cmの型2台分

バター（食塩不使用）…175g
卵（全卵）…200g
砂糖…175g

A 薄力粉…175g
ベーキングパウダー…8g
塩…2g

いちごジャム…適量
グラニュー糖…適量

【下準備】

- バターと卵は室温に戻す。
- Aを合わせて2回ふるう。
- 焼き型の底と側面に、オーブンシートを敷く。
- オーブンを170℃に予熱する。

【作り方】

1 ボウルにバターを入れ、砂糖を3回に分けて加えながら、白っぽくなるまで、ハンドミキサーで攪拌する。

2 卵を溶き、1に少しずつ数回に分けて加えてハンドミキサーで混ぜる（きちんと混ざってから次の卵液を加えること）。

3 ふるい合わせたAを2の中に、3回に分けて入れてゴムべらでよく混ぜる。

4 オーブンシートを敷いた2つの型に3のたねを半量ずつ流し、予熱したオーブンに入れ、25〜28分ほど焼く。竹串に何もついてこなければできあがり。

5 型ごとラックにのせ粗熱を取り、軽くラップをかけたまま完全に冷ます。

6 型からはずし1枚目を底用に選び、シートを取って表面にジャムをたっぷりと塗る。もう一方も同様にシートを取り、焼き面が上になるように重ねる。表面にグラニュー糖を軽くふって仕上げる。

今回、本書の読者のために、宮脇さんから、ヴィクトリアサンドイッチケーキのレシピをプレゼントしていただきました。

お店のレシピとは、ひと味違い、お菓子作り初心者さんでも、ワンボウルで簡単に作れるレシピです。

作り方のポイントは「たねをよく混ぜること」。こだわるポイントがあるとしたらジャム。「果肉がたっぷり入った良質なジャムを選んでくださいね。それだけで、味のランクがぐっと上がりますよ」と宮脇さん。ジュリスティールームスでは「ボディントン」のいちごジャムを使っているそう。

このお菓子、サンドイッチという名前が入っていますが、アフタヌーンティー定番の伝統的な英国菓子です。

名前の由来は、その名の通りヴィクトリア女王から。最愛の夫であるアルバート公が急逝した悲しみから、女王はワイト島にある別邸オズボーン・ハウスにひきこもる日々を過ごしました。そんな彼女を慰めるためにと作られたのがこの素朴なお菓子。女王がとても気に入ったことから、国民の間にこのケーキが広まったといわれています。

もちろん、イギリスのジュリスティールームでも、日本のジュリスティールームスでも大人気のメニュー。ぜひ、みなさんのキッチンで作ってみてくださいね。

ジュリス ティールームス　東京

フルアフタヌーンティー／
1人分／3,465円（税別）

時間	時間制限なし
フーズ	サンドイッチ、ケーキ4種、プレーンスコーン
ジャム	ボディントンのいちごジャム
クロテッドクリーム	タカナシ乳業
紅茶	8種類の中から1つセレクト
ミルク	低温殺菌。冷たいまま提供
HP	https://www.juris-tearooms.com/tearoom_menu/tearoom_menu.htmls メニュー内容、システム、価格、時間などは変更あり。詳細はHPで確認してください。

紅茶専門店
ティーズ
リンアン

紅茶好きなら必ず訪れたい聖地
紅茶チャンピオンのティールーム

「愛知県の尾張旭市に紅茶好きの聖地と呼ばれるティールームがある！」。そんな噂を耳にして、10年ほどまえ遥々訪ねたのが「ティーズリンアン」さんとの出会いでした。

サイトを通じて発信する科学的根拠に基づく紅茶情報、飽くなき美味しさへの探究心、それらに見え隠れする紅茶愛を感じるたびに、いつかオーナーにお会いしてみたいと思うようになったのです。

念願叶ってティールームへ伺い、まず驚いたのが紅茶の味。すすめられたダージリンは華やかで芳醇な香り、それでいて口に含むとやわらかで奥行きがあり、甘い余韻が残ります。感激に浸っていると、オーナーの堀田信幸さんがスライドにデータを映し出し、目の前で美味しさの根拠を説明してくださいました。

その既存の常識にとらわれないエビデンスに裏付けされた淹れかたは、さながら科学実験教室のようでもありました。

紅茶の美味しさは水とケトルで決まる

軽いカルチャーショックを受けながらも、強く印象に残ったのが「紅茶の美味しさはお湯の味で決まる。それには水とケトルが大切」という言葉と、英国製のケトルでした。

お道具にも並々ならぬこだわりを持つ堀田さんが愛用しているケトルは「シンプレックス」。ヴィクトリア時代以前から続く老舗のケトルメーカーで、熟練の職人によって作り出されるトラディショナルなケトルです。

「この銅製のケトルこそ、美味しい紅茶を淹れるお湯を沸かす秘訣」と聞いて、さっそくイギリスからシンプレックスを取り寄せました。

レッスンの中で生徒さんたちと一緒に、ステンレス・ホーロー・アルミ・鉄とさまざまな材質のケトルでお湯を沸かしてテイスティング

してみると、熱伝導のよい銅のケトルのお湯は、茶葉のキャラクターを引き立たせてくれ、驚くほどまろやかな味わいになったのです。

ケトルひとつでそこまで紅茶の味が変わるなんて……。

そのレッスン後は、生徒さんたちの間でも「紅茶好きの聖地巡礼」と称して愛知まで訪れることが、ちょっとしたブームになったほど。

英国王室でも愛用されている、このイングリッシュティーケトル。時を越えて愛され続けるお道具に深い理由が隠されていたことを、堀田さんに教えていただきました。

お抹茶文化と喫茶店文化の地元に大きく影響されて

「よその土地のかたにはあまり知られていないんですが、私が育ったこの土地、愛知県には、お茶の文化が色濃く根付いているんですよ」と堀田さん。

特に愛知県の西部では、農作業の合間の一服の時間に、抹茶をたてて飲んでいたそう。

「愛知県で喫茶店文化が発展したのは、このお茶文化に起因しているともいえます。例えば私の友人が茶室の調査に行くと、抹茶じゃ申し訳ないから、と言って喫茶店に連れていかれてコーヒーをご馳走されるくらい、抹茶が一般的な飲物だったりします」

そんな堀田さんは、お抹茶のほかに紅茶も大好きで、社会人になると自宅に「フォートナム&メイソン」の缶専用の棚を作ってしまったほど。帰宅後、気分に合わせて紅茶を選んでは、ゆっくり淹れて味わうひとときが至福だったと言います。

アンテナ企業の技術者からティールームオーナーへ

堀田さんは、大学で機械工学を専攻。卒業後、アンテナを作る企業に就職し、技術者として22年邁進してきました。しかし、44歳のときに、人生のハンドルを大きくきります。紅茶専門店のオーナーに転身したのです。

きっかけは、技術者らしく(?)パソコン通信ニフティーサーブの会議室だったと言います。

子どもの頃からお茶に親しんできた堀田さんは、結婚後本格的に茶の湯を習い始めます。そしてニフティーサーブで茶の湯の情報を探し、茶の湯の会議室にたどり着きます。

そのうちに「茶の文化フォーラムを立ち上げよう」となり、堀田さんもスタッフをすることになりました。フォーラムでは「茶の湯だけが茶の文化ではない」、と、日本茶、紅茶、中国茶などのさまざまな会議室が作られました。

その紅茶の会議室では、「ダージリンのファーストフラッシュ(春摘み)のチャモン茶園が」「セカンドフラッシュ(夏摘み)のマーガレットホープ茶園が」という話に花が咲いているのを見て、紅茶の世界はもう、そこまでいっているのかと驚いたそうです。

そんななか、オフ会を開催する話になったのですが、地元愛知には満足できるような紅茶のお店はまだ、ありませんでした。

「当時は、東の横綱といえば、東京・神保町の「TAKANO」さん。西の横綱は大阪・堂島の「MUJICAティー」さんでした。愛知県には「えいこく屋」さんがあり、オーナーの荒川さんは、日本で初めて自らダージリンに紅茶を買い付けに行ったすごい人です。ただ、インド料理がメインでゆっくり紅茶を楽しむ雰囲気ではなかったのです」

それは1997年のことで、ちょっとした紅茶ブームにもなっていたので、「それなら」と、自ら紅茶専門店を立ち上げることにしたのです。「妻に言ったら、薄々、そう言い出すことをわかっていたみたいで、どうぞ、って言ってくれました」。横で聞いていた奥様曰く、「だって、止めたってどうせやるから」と笑っています。

「でもね、僕が紅茶専門店をやろうと決断できた大きな理由の一つに、妻のシフォンケーキがあるんですよ。さすがに紅茶だけで勝負するのはビジネスとして厳しいと思っていましたから。だけど、妻の絶品

アフタヌーンティーのお菓子はすべて奥様の手作り。このお菓子のファンも多い。

シフォンケーキが紅茶の横にあれば大丈夫だ！　お客様を呼べる！と勇気づけられていたんですよ」

アフタヌーンティーとの運命的な出会い

　堀田さんは開店準備として、世界を周って情報収集をしました。まずは、中国で茶樹の原産地調査に参加します。次にスリランカに行き、紅茶の輸入ルートを確保。この時ご縁ができた会社は、今でこそ大きな企業になりましたが当時は民家で細々と営む零細企業でした。今では、ティーズリンアンさんが一番古い取引先だそうです。

　そして最後はイギリスでティールーム巡り。

「このときに生まれて初めて、アフタヌーンティーというものに出会いました。その瞬間、これは茶の湯と同じだ、僕はこの文化を日本に持って帰らないといけないと思ったのです」

　それまでは、紅茶の美味しさを伝える店を作るつもりだったのが、アフタヌーンティーに出会い「紅茶にまつわる文化全般や幸せな時間を、僕はティールームで日本のお客様に伝えるべきだと、大きくお店の方針が変わったんです」

　こうして気持ちも準備も万端となった堀田さん。実は、飲食店の経営どころか働いた経験もなかったそう。どんなスタートだったのでしょうか。

「最初の数か月は、毎日行列ができました。フォーラムでやりとりしていた日本中の、紅茶好きの仲間たちが宣伝してくれたおかげで、噂を聞きつけた紅茶ファンが全国から駆けつけてきてくれたんです」

　さらには、当時、まだ珍しかったお店のホームページも大きな役割を果たしたと言います。

「インターネットで紅茶と検索すると、うちのお店が最初に出てくる。その集客効果は、狙っていたとはいえ想像以上でした」

町おこしと紅茶チャンピオン

　店を軌道にのせた堀田さんには夢がありました。それは、紅茶で地元、尾張旭市の町おこしをすることでした。

「どうやったらみんなが興味を持って来てくれるんだろう」と考えてい

るうちに、日本紅茶協会のおいしい紅茶の店の認定制度に気付いたそうです。「尾張旭は小さい町だから、これなら日本一が取れる」

堀田さん曰く、この「おいしい紅茶の店認定」のいいところは、認定料などを取らない点とのこと。オーナーにやる気さえあれば、金銭的な負担がかかりません。

「もちろん僕も無料でアドバイスします。茶葉の仕入れかたも教えます。基本的にうちの茶葉は使わないでくれ、とお願いして信用できる専門店を紹介しました。いろんな専門店の紅茶が尾張旭で飲めたら楽しいじゃないですか。それに、うちから買ってくれだの言ったら、なんだ、自分の儲けのためにやってるのかと思われるでしょ」

当初は3、4店舗認定されれば、人口比で日本一になれるだろうと思っていたそうなのですが、実際は、合計11店舗にしないと日本一は取れないことに後から気づきました。

「活動開始当初は、本当に日本一になんてなれるだろうかと悩みましたが、悩むよりやってしまえ！と動いてみたら、14店舗が認定をとってくれて15店舗になり、人口比で日本一になりました！」。それ以後ずっと日本一を保っています。

2019年、堀田さんは、ある挑戦をします。日本紅茶協会が主催する「おいしい紅茶の店　チャンピオンシップ」に出場したのです。

紅茶業界では、すでに知る人ぞ知る存在だった堀田さん。もしもチャンピオンになれなかったら、という不安や守りに入る気持ちはなかったのでしょうか。

「決勝の課題が、自分が得意なダージリンファーストフラッシュを美味しく淹れることだったので、準決勝の課題、アレンジティーさえクリアできればと、正直自信はありました」

結果は、見事優勝！　何より嬉しかったのは、「全国から新たなお客様がいらしてくださったことと、町おこしの活動に興味を示してくれるお店が増えたこと」だそう。

「いつか全国の紅茶好きが尾張旭市に遊びにきて、美味しい紅茶を出すティールームをはしごする人たちで、いっぱいの町になったらいいな」と、子どものようにキラキラした目で将来の夢を語ってくださったのでした。

優勝した紅茶の淹れかた

堀田さんが「おいしい紅茶の店 チャンピオンシップ」で優勝したときとまったく同じ淹れかたを特別に教えてくださいました。

それは、失敗から偶然生まれた「多重抽出法」という堀田さんオリジナルの淹れかた。

一般的に紅茶を淹れるとき、最後の濃い1滴をゴールデンドロップと言います。

これは、最後の1滴に、しっかり蒸らされて抽出された旨みが詰まっているから。

この多重抽出法は、少量のお湯で茶葉を蒸らし、何度かお湯を足して、成分をしっかり出しきる方法です。

茶葉の周りに濃い紅茶があると、浸透圧の関係で成分が出しきれませんから、湯を数回足すことで、茶葉から紅茶の旨味をすべて抽出します。つまり「ゴールデンドロップ」を出しきるのです。

ただ、残念なことに、この淹れかたは非常に手間がかかるためお店では採用できません。

そう、家でのティータイムだからこそできる贅沢な淹れかたなのです。

【材料】1人分

ダージリンファーストフラッシュ5g／熱湯350㎖　※茶葉や湯の量は好みで

【道具】

内部が銅製のケトル、または小鍋。ここでは英国製のケトル「シンプレックス」を使用／ポット2つ
※ポット1は、茶葉の成分を抽出するため。
※ポット2は、サービス用ポット。

【淹れかた】

1 内部が銅製のケトルまたは小鍋に、水道水を勢いよく入れて、強火にかけ沸騰したらすぐ火を止めます。沸騰すると空気が抜け、空気中の二酸化炭素が抜けることによりお湯はどんどんアルカリ化してお湯の味が変わります。紅茶のオークションでは必ず沸かしたてのお湯を使って美味しい紅茶かどうか確認するので、沸かしたてのお湯の味が本来の味となります。

2 温めたポット1に茶葉を入れ、上から1の熱湯1/3量を注ぎます。ふたをして5分蒸らします。

3 温めたサービス用ポットに2の紅茶を移します。

4 ポット1に残った茶葉に、少しのお湯を注ぎます。茶葉をすすぐようにポットを回したら、すぐに紅茶をサービス用ポットに移します。

5 これを350㎖になるまで繰り返して出来上がりです。

教えて紅茶チャンピオン！
美味しい紅茶の秘密

ティーズリンアンが「聖地」と呼ばれるのは
堀田さんの淹れる紅茶が、感動するほど美味しいからです。
それには明確な理由があるはずと、
その秘密を伺いました。

美味しい紅茶を淹れる 3つのポイント

(1) 美味しい茶葉を選び、光を避けて保管します。

(2) お湯は水道水を勢いよくケトルに汲んで、沸いたらすぐに紅茶を淹れます。

(3) 茶葉をしっかり蒸らします。最低3分以上、大きな茶葉は5分以上。
10分経っても大丈夫。濃い場合は、後からお湯かミルクで割って
好きな濃さで飲みます。

Q.

ズバリ、美味しい紅茶を淹れる秘訣は何ですか？

A. 美味しい茶葉を使うこと。

非常にシンプルです。美味しい茶葉を紅茶に合うお湯で淹れることに尽きます。
ゴールデンルールやジャンピングにこだわる必要はありません。

リンアンさんでは、どのような水を使っているんですか？

A. 水道水ですよ。

紅茶は、酸素をたっぷり含んだ汲みたての水で淹れることが大切ですから、水道水で十分です。特に、尾張旭市の水は非常に水質がよく、紅茶に適しています。ただし、お湯の味というのは含まれる酸素の量によって大きく異なりますので、より新鮮な空気を含ませることにこだわりました。一般的な水道管の流水量は20～30ℓ/分ですが、リンアンでは食品工場で使うような100ℓ/分出る太い水道管に工事して変えました。さらに、水質を安定させ、有害な化学物質やウイルス、細菌を除去する「シーガルフォー」というメーカーの浄水器も設置しています。

Q.

紅茶に合うお湯の沸かしかたを教えてください。

A. 大前提になるのが新鮮な水です。

水道からケトルに勢いよく水を汲んで空気を含ませ、「沸かしたて」のお湯を使います。お湯を沸かせば当然空気が抜けていきますので、沸かしすぎは良くありません。水道水が美味しくない地域で、ペットボトルの水を使いたい人は、経験上、「天然水」（サントリー）か「森の水だより」（日本コカ・コーラ）をおすすめします。

茶葉の湿気対策はどうしたらいいですか？

湿気は気にしなくても大丈夫。

日本では湿気を気にするかたが多いですが、保存容器を密閉していれば湿気は気にしなくても大丈夫です。茶葉は他の香りを吸収しやすいので、冷蔵庫などには入れず常温で保管します。常温で置いておくと徐々に熟成が進みますから、年単位での熟成の味を楽しみましょう。

茶葉の保管で気をつける点は？

A. 最も注意すべきは光です。

直射日光はもちろん、室内灯にあたっても劣化します。金属缶やアルミ袋で密閉し、光を避けて保管しましょう。リンアンでは、ガラス瓶に金色のアルミ蒸着を施したオリジナルティーキャディーを使用しています。

Recipe

プレーンスコーン

スコーンとは、クロテッドクリームを楽しむための器である。そのためには、余計な甘みは不要、という堀田さんの考えからティーズリンアンのスコーンには、砂糖をまったく使っていません。堀田さん曰く「ジャムとクロテッドクリームを山のようにのせて口に運び、ついで紅茶をゴクリと飲むと、スコーンが消えジャムとクリームが口に残ります。そのクリームの美味しさを味わうのです」とのこと。

【材料】直径5cmのもの約25個分

A 薄力粉（岩手県キタカミ小麦100%）…500g
ベーキングパウダー（愛国青缶）…小さじ5
塩（精製塩）…小さじ1(5g)
＊にがりを多く含んだ塩だとスコーンが苦くなるので精製塩を使う。

バター（よつ葉・食塩不使用）…150g

B 卵（小原村池野鶏卵）…2個
牛乳（よつ葉牛乳）…卵と合わせて300mℓになるようにする。

【下準備】

- バターは事前に量って、1cm角にし、冷蔵庫で冷やしておく。
- Aは合わせてふるっておく。
- 卵と牛乳を混ぜ合わせておく。
- オーブンを230℃に予熱しておく。

【作り方】

1 ボウルにAとバターを入れて、カードで切り混ぜたら、指先でバターと薄力粉をすり合わせる。バターが米粒くらいになる程度がよい。

2 1にBを加えて、ひとまとめにする。

3 パンマットに強力粉をふり（分量外）、2を置いて、めん棒で厚さ2cmくらいの長方形に伸ばす。

4 2を三つ折りにし、麺棒で1.8cmの厚さに伸ばしたら、再度三つ折りにし麺棒で1.8cmの厚さに伸ばす。

5 型に強力粉（なければ薄力粉）をつけ（分量外）、4を型抜きし、天板に並べていく。

6 予熱しておいたオーブンに5を入れ、温度を200℃に下げて15〜25分焼く。

7 いったん取り出し、スコーンの側面を上にし、立てるようにして5分焼いて完成。

ティーズ リンアン

器のこぼれ話

ティーズリンアンで使われている器は全てノリタケのボーンチャイナで「ウエディングモール」というシリーズ。20年以上前のオープン時から同じものを使い続けています。奥様がノリタケの元社員だった縁で採用したとのこと。縁が欠けることも、転写や金の部分が剥がれることもなく、新品同様の状態が保たれています。手入れにコツがあるのではと思い、心がけていることを伺いました。

「特別なことはしていませんが、下げられた器はすぐに洗うこと。それなら茶渋もつかないので、力を入れずとも汚れは落ちます。また、柔らかいスポンジで洗うようにはしています」

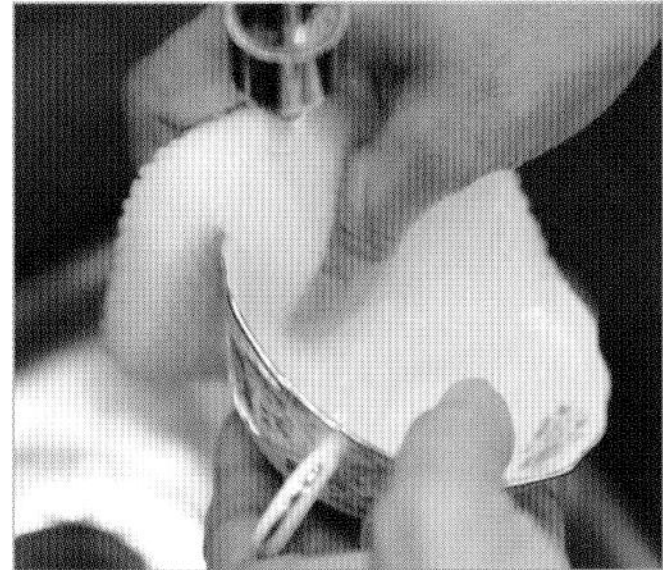

写真は、洗い方のNG例です。カップの縁を挟むようにして洗うと金線が剥げてきます。縁を擦らないよう、中は中、外は外で優しく洗います。

ティーズ リンアン　愛知

アフタヌーンティー／2人分／5,500円（税込）

時間	時間制限なし。ただし混んでいる場合は制限がある場合も
茶器	ノリタケのヴィンテージ、ウエディングモール
カトラリー	シルバー
フーズ	サンドイッチ2種、ケーキ4種、プレーンスコーン
ジャム	季節の自家製ジャム
クロテッドクリーム	中沢乳業
紅茶	約30種類から1つセレクト
ミルク	北海道よつ葉牛乳（高温殺菌）。温めたミルクピッチャーに冷たい牛乳を入れて常温で
HP	http://liyn-an.com メニュー内容、システム、価格、時間などは変更あり。詳細はHPで確認してください。

英国貴族と伊万里から探る ティーカップのストーリー

ティーカップのルーツは東洋にあり

英国貴族の館を巡っていると、目にとまるのが東洋の磁器。特に印象に残っているのが、紅茶留学中に訪れたダイアナ元妃の生家、スペンサー伯爵の邸宅オルソープで出会った日本の伊万里焼です。

大きなお屋敷の室内装飾として、有田焼の大皿や壺が飾られ、チャイナキャビネットの中には色絵や染付の磁器が所狭しと並んでいました。気になって訊（たず）ねてみると、17世紀の柿右衛門とのことでした。

英国貴族と伊万里……。この不思議な組み合わせに違和感を覚えたものの、その後もウォーバンアビーをはじめ、さまざまな館で目にすることになりました。その背景には、お茶を取り巻くストーリーが隠されていたのです。

アフタヌーンティーのテーブルを彩るティーカップ。華やかで西洋的と感じるアイテムですが、ルーツを辿（たど）ると、お茶と同じように東洋に行きつきます。

チャイナフィーバーとＩＭＡＲＩ旋風

大航海時代、茶道具はお茶とともにティーロードを渡ってヨーロッパへもたらされました。中国で古くから使われていた東洋らしい文様が描かれた急須や小茶碗が、東インド会社の船の安定を保つためのバラストとして、積み込まれたのです。

この時、初めて磁器というものを目にした王侯貴族たちは、その幽玄の美にたちまち魅了されます。厚手で有色のぽってりとした陶器とは違い、繊細で薄く透き通るような白さを放つ磁器は「チャイナ」と呼ばれ、一大フィーバーを巻き起こしました。

当時、まだ磁器を焼成する技術のなかったヨーロッパでは、エキゾチックな磁器をコレクションすることが権力の象徴となり、王侯貴族たちは収集した壺や皿を飾り立てる「磁器の間」づくりに没頭します。

17世紀半ば、ヨーロッパ中が磁器ブームに沸くなか、中国で王朝交代の混乱が起こり、磁器の輸出が困難となってしまいます。

ドイツのシャルロッテンブルク宮殿にある「磁器の間」。

そこで白羽の矢が立ったのが、日本製の磁器。18世紀にかけて、数百万個の有田焼が海を越えてヨーロッパに渡ったのです。船が出るのが伊万里港だったことから「ＩＭＡＲＩ」と呼ばれ、一大旋風が起こりました。

特にオリエンタルな雰囲気の柿右衛門様式は大流行し、中国磁器よりも高値で取引されました。

貴族たちが取り憑かれた「磁器病」ついには偽物まで！

英国でお茶会の習慣が広まると、茶道具のコレクションとして、レアな茶器が珍重されるようになりました。熱狂的な伊万里コレクターたちは、世界にひとつしかないオリジナルの品を商人に依頼するようになります。

初めは見本帳から図案を組み合わせ、紋章やイニシャルを入れるセミオーダーのような形でしたが、だんだんとシェイプや色、絵柄までも好みに仕立てるフルオーダーになっていきました。お茶会において、ひと目でオーダーメイドとわかる茶器を出すことは、最高のステイタスシンボルだったのです。

磁器収集に傾倒し、湯水のごとく大金をつぎ込む王侯貴族たちは、「porcelain sickness」（磁器病）と呼ばれました。「東洋の白い金」とも称された磁器は、金や銀に匹敵する価値で取引され、価格は狂騰。輸送の途中に割れてしまった磁器の破片さえも、金貨のように大切にされました。

当然、偽物磁器も出回ります。陶器に白い釉薬を施し、東洋風の絵柄を写したものを磁器と偽って、高値で売りつける悪徳商人までも出現したといいます。

マイセン窯の誕生と英国製ボーンチャイナ

磁器病に取り憑かれた王侯貴族たちは、やがて、何とか自分の手で磁器を焼成したいという強い願望を抱くようになります。財力のある王はコレクションを増やす傍ら、秘法の解明に取り組みました。

そんな中、悲願を達成したのが、最強の伊万里コレクターであったドイツ・ザクセン選帝侯のアウグスト強王です。1710年、磁器工房「マイセン」を設立します。

マイセンで磁器製造法が解き明かされると、国境を越えてヨーロッパ中に広まりました。次々と新しい窯が開かれるなか、遅れをとったのが英国です。島国である英国は大陸とは地質が異なり、磁器焼成の鍵となるカオリンが採掘できなかったため、これに代わる素材を用いる製磁技術を模索するしかありませんでした。18世紀半ば、苦難の末にボーンアッシュ（牛の骨灰）をカオリンの代用品として焼成する軟質磁器ボーンチャイナを誕生させます。

英国製の磁器誕生とともに、伊万里や柿右衛門様式の写しのパターンも多く登場しました。特にアッパークラスの間で流行したのが、1775年にダービー窯から発表された「IMARI」です。憧れの伊万里の中でも、赤絵や色絵に鮮やかな金彩を融合させた金襴手様式と呼ばれるゴージャスなパターンは、マイセンの柿右衛門の写しと並び、西洋磁器におけるジャポネズリー（日本趣味）と称されました。「IMARI」は、19世紀にヨーロッパで花開いたジャポニズムを経て、今もなお受け継がれています。

英国貴族の館を彩った伊万里。それは神秘の国・日本への憧れからはじまった貴族趣味だったのです。

ロイヤルクラウンダービーのIMARIカップ＆ソーサーとスロップボウル。
スロップボウルは日本の建水と同じように、カップをあたためる際に使ったお湯や残った紅茶を流す「湯こぼし」の役割をするもの。茶碗に見立てることも。
銀のティーケトルは、19世紀貴族のアフタヌーンティーで流行したバーナースタンドが付属されたスピリットケトル。
ピンを外すと傾くようになっていて、英国のドラマ『ダウントン・アビー』でもおばあさまが愛用していた優雅な茶道具。

EXPERIENCE

ロイヤルクリスタルカフェ

アンティークカップで紅茶を愉しめるティールーム

アールヌーヴォー様式のサロンスタイルのカフェ

時代を超えて受け継がれたアンティークカップやヴィンテージカップを実際に手にしながらアフタヌーンティーを愉しむことができたら素敵ですよね。そんな夢を叶えてくれる空間が、東京・銀座にある「ロイヤルクリスタルカフェ」です。

ガラス扉を開けて足を踏み入れると、そこはまさに別世界。壁にはシャガールやマリー・ローランサンの絵画、豪奢なラリックのガラス細工が飾られ、まるでフランスのアールヌーヴォー様式のサロンに迷い込んだようです。

自分の思い通りにティールームを作りたい

アンティークカップ好きの間では開店当初から評判だったロイヤルクリスタルカフェ。

このアフタヌーンティーファンにとって夢のようなティールームを作り上げたのは、「ドトールコーヒー」の創業者であり、現在名誉会長を務める鳥羽博道さんです。なぜ、こんなにも贅沢なティールームを作られたのか、その思いを伺いました。

「ドトールコーヒーでは事業を軌道に乗せること、軌道に乗ったら大きく展開すること、大きくなったら安定させることに全力を尽くしてきました。そのためには、いかに無駄を削ぎ落とし、合理的に店舗を運営できるかが大切です。その結果、低価格で美味しいコーヒーを提供してたくさんの方に喜んでいただける。それが私の喜びでもありました。ただ、いつしか心のどこかで、一店でいい、企業という

おしゃれをして行きたい、サロンスタイルのインテリア。個室も3室あります。

体制ではできない、自分の思う通りの贅沢で美しいティールームを作ってみたいとの夢を胸に抱くようになったのです」

ティールームのオープンは2007年。それまでに4年かけて世界中の最高級ホテルやカフェ、美術館を巡り構想を練ったといいます。ロイヤルクリスタルカフェにあるものは最高級のものばかり。ティーカップも含めて、すべて鳥羽さん自らが選んだものです。

アンティークカップ コレクションと運命の出会い

「私はアンティークカップのことなど何も知らなかったんです。でも、ティールームを開こうと決めたタイミングで、あるご縁から某ご夫妻のコレクションをご紹介いただき、すべてお引き受けすることを決めました。そのときから、アンティークカップの世界に目覚めてしまい、今では自ら買い求めるほどです」

実は、偶然なのですが、以前、そのご夫妻のお宅に伺ってコレクションを拝見したことがありました。家中を埋め尽くす美しいカップは、40年余りかけて収集された400点にも及ぶ貴重な品々です。あれらが、散り散りにならなかったことも、アンティークカップファンとしては感謝の気持ちでいっぱいです。その上、これらのコレクションを展示する美術館併設のティールームを自由が丘に開く予定だそう!(この取材後、無事オープンし、連日大盛況です)。

実は、アンティークカップの魅力にはまってしまった人がもうひとりいます。店長の入澤さんです。

ドトールコーヒーを退職後、鳥羽さんに請われてロイヤルクリスタルカフェに入社。当初はティーカップのことなど何も知らなかった入澤さんですが、懸命に勉強するうちにいつしか虜(とりこ)になりました。

最近も外出先で出会った「オールド・ノリタケ」のカップを購入。「会社用に買ったのですが、もしダメでも、自分用でもいいかと思って」。結果、鳥羽さんのお眼鏡にかない、お店で使われることになったそうです。

「人の心を明るく」いつも、それが仕事の目的

1970年にドトールコーヒーのショップをオープンさせるとき、鳥羽さんの胸にあったのは、食卓に花を一輪飾るような余裕のある日本にしたい、という思い。その思いはここロイヤルクリスタルカフェでも変わりません。

「私はね、とても貧乏だったんです。その反動かもしれないのですが、人の心を明るく豊かにする仕

事がしたいと思っているんです」

　肖像画家だったというお父様。時代の巡り合わせがよくなかったのか、当時はちょうどカメラが普及し始め、仕事がなくなる一方でした。

「そのうえ芸術家気質で、ふらりと放浪してしまうんです。母は長野出身でしたが東京の大妻女子大学を卒業し教師をしていました。夢と志を持って上京したと思うのですが、実際は子だくさんで生活に追われいつも疲れ切っていてね。私が9歳のときに亡くなってしまいました。思えば、私はお母さんが笑ったところを見たことがないかもしれません。思い出せないんです」

　鳥羽さんが人を喜ばせたい、笑顔にしたいという思いで仕事をし続けているのは、どこかにお母様を笑顔にしたいという思いがあるからかもしれません。美しいものを愛する気持ちは、芸術家のお父様から受け継いでいらっしゃるのかも。

　そうお伝えすると、「ああ、そうかもしれない。そうかもしれませんね」と、手元の美しいアンティーカップを見つめながらつぶやかれました。

　前述した通り、ティールームはオーナーの思いを感じるために行く場所でもあります。「美しいものに囲まれて、美味しいお茶とお菓子を愉しんで、嫌なことがあったら、ひとときでも忘れて笑顔になってほしい」。ロイヤルクリスタルカフェでは、そんな鳥羽さんの温かい気持ちに触れることができます。

左から時計回りに、ジョージ・ジョーンズ（1890年）、マイセン（1880～1900年）、ロイヤルクラウンダービー（1909年）、ヒルディッチ（1830年）。

厨房には、アンティークやヴィンテージのティーカップがずらりと。どのカップが登場するかはお楽しみ。

「会長の胸には乙女が住んでいますね」というと「え？それは褒め言葉ですよね」とはにかむ鳥羽さん（右）。現在自由が丘店店長の入澤さん（左）。

ロイヤル クリスタル カフェ ティーカップコレクション

銀座店のエントランスの右手にある
チャイナキャビネットには、
貴重なアンティークカップが飾られています。
なかでも、じっくりと眺めていただきたい
レアアイテムをセレクトしました。

セーブル 1890年

繊細なレースのような美しいピアッシング。職人の手作業で見事な透かし彫りが施されています。

セーブル 1758年

ハンドルがつけられるようになった初期の頃は、後ろ側に取っ手がついているものも多く見受けられます。

コールポート 1890年

エナメルで立体的にドットを描いたジュールと呼ばれる繊細な技法は、華やかさの極みです。

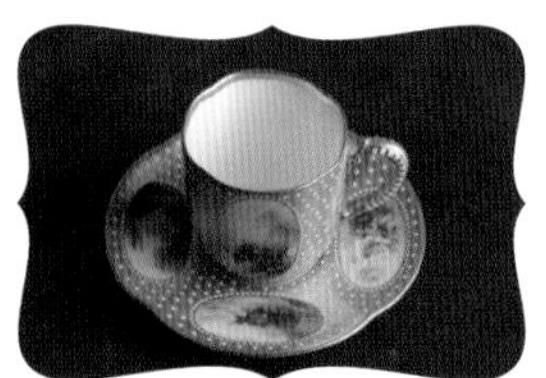

ロイヤルウースター 1912年

見事な金彩とジュールが描かれた四面絵付け。4名のペインターによって花、果実、動物、風景が丁寧にハンドペイントされています。

マイセン 1750年

オクタゴナルと呼ばれる八角形のシェイプは、初期のマイセンが中国磁器を模したもの。海や港の風景は貴族の間で人気でした。

ウィーン 1765-70年

貴婦人がベッドでホットチョコレートなどを飲むときに、すべらないようにホルダーがついたトランブルーズと呼ばれるカップです。

バックスタンプのお話

カップ＆ソーサーの裏にはバックスタンプと呼ばれる窯印が刻印されています。バックスタンプはメーカー名や年代などの基本的な情報を示すだけではなく、その作品に携わったペインターや職人たちの誇りまで物語るものです。花びらのようなシェイプが何とも愛らしいカップのバックスタンプは、「ティファニー」と「ジョージ・ジョーンズ」のダブルネーム。アメリカの高級宝飾店ティファニーがイギリスの陶磁器メーカー、ジョージ・ジョーンズに特別注文し製作した作品です。

ロイヤルクリスタルカフェ 自由が丘店。
営業日や営業時間などは
HP https://www.royalcrystalcoffee.jpで要確認。

東京・銀座に、長年の夢だった理想通りのティールームをオープンさせ、成功させた鳥羽さん。実は、新たなる構想も練っていました。幸せや喜びは皆で共有したいという会長らしく、先にもご紹介した、貴重なアンティークカップの美術館が併設されたティールームをオープンさせました。

約300個の美しいアンティークカップに囲まれながら、お茶をいただけるお店の名前は「ロイヤルクリスタルカフェ自由が丘」。

アンティークカップコレクションが展示されているのは1F。コーヒーの焙煎所と挽きたての豆を購入できるショップもあります。

「贈答品にも選んでいただけるような高級路線のコーヒーも作りました。試飲もできますよ」と鳥羽さん。

2Fにはティールームが併設されています。クラシカルな銀座店とはまた違った雰囲気。フェミニンなインテリアに囲まれて、アフタヌーンティーを愉しむことができます。

ロイヤル クリスタル カフェ

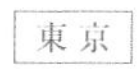

Afternoon tea set ／1人分／ 3,500円（税別）
※銀座店・自由が丘店とも同じメニュー

写真提供　ロイヤルクリスタルカフェ

時間	時間制限なし
茶器	アンティーク、ヴィンテージカップ
カトラリー	ステンレス
フーズ	サンドイッチ2種、ティーフーズ5種、ペイストリー4種、自家製スコーンなど
ジャム	季節のジャム
クロテッドクリーム	中沢乳業
紅茶	マリアージュフレールの紅茶（アッサム）、またはアイスティーからセレクト。1杯までおかわり可。ポットでのおかわりは500円
ミルク	高温殺菌牛乳、冷たい状態で提供
HP	https://royal-crystal-cafe.owst.jp/ メニュー内容、システム、価格、時間などは変更あり。詳細はHPで確認してください。

自然豊かなカントリーサイドのティールームはイギリス人の原風景

紅茶留学中、アフタヌーンティーが貴婦人のサロン文化から発祥したものと知り、理解を深めるために貴族の館を訪ね歩くようになりました。

カントリーハウスと呼ばれる貴族の邸宅は、ロンドン郊外の緑豊かな田園風景にひっそりと佇み、たどり着くまでの道のりは、地平線以外何も見えないような1本道が延々続きます。

そんななか、時折ポツンと現れる1軒家の庭先に置かれたティーポットが描かれた看板。ある時、思い切って立ち寄り、エントランスの前に置かれたティーベルを鳴らしてみました。すると、庭仕事の手を止めて、エプロン姿のふくよかなマダムが出迎えてくれたのです。

そこはファームハウスを改装したカントリースタイルのティールーム。朝摘みのベリーや新鮮なバターを使った焼きたての英国菓子が並んでいました。

ひとりでやってきた私を気遣ってか、マダムは一緒に紅茶を飲みながら、いろいろな話をしてくれました。

数年前までロンドンのフラットに暮らしていたこと、田舎暮らしに憧れていたこと、ご主人のリタイアにあわせてこの土地に移住し、農家だった家を買い取って、念願だったティールームを開いたこと……。

そんな会話の中によく出てきたのが「カントリーサイド」という言葉。

話を聞いているうちに、単に田舎という意味だけではなく、紅茶・自然・ガーデニングなど、都会では味わうことのできないノスタルジックな風景すべてをくるんだ、特別な響きを持つように感じられてきました。

そんな懐かしさを感じるカントリーサイドのティールームで味わえるアフタヌーンティーは、素朴でアットホーム。まさにcozy（居心地のよさ）という言葉がぴったりの場所です。

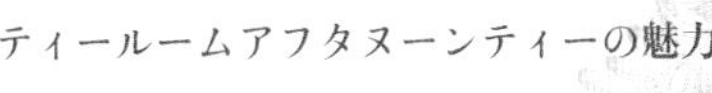

ドゥリムトン
ヴィレッジ

京都の山の奥深くに突如現れるイギリスの田舎のような村

消費させるモノ作りに疑問新しい何かを求めて

京都・亀岡の山の奥深くに、イギリスのカントリーサイドを思わせる村があります。その名は「ドゥリムトンヴィレッジ」。

敷地には大きな池があり深い緑に囲まれて、はちみつ色の石で造られた小さなティールームや、ヴィンテージの食器やレースを扱う雑貨店、1階がパブになっている下宿屋、教会などがあります。

ヴィクトリア時代のメイド服を着た店員さんたちが村内を忙しそうに歩いています。

イギリス文化ファンの間でも、イギリス人の心の故郷ともいわれるコッツウォルズを思わせると評判のこの場所。この村を一から企画し、関西では知る人ぞ知る観光地に押し上げ、今や本国イギリスからも人が訪れるほどの場所に育て上げたのは、マリーさんというひとりの日本人女性でした。

一体どんな人物なのか。興味津々で取材してきました。

マリーさんは、京都の西陣育ち。高校卒業後、美術大学に進学し、在学中に大手企業にデザイナーとし

て採用されました。

バブル期と重なっていたこともあり、若手ながらも仕事の規模は大きく、デパートのショーウインドウや店舗、イベントのコンセプトから空間、グラフィックまでトータルにデザインを手掛けていました。

「仕事は刺激的で面白かったともいえますが、ただ、1円でも多く消費させ、さらに廃らせるために流行らせる。そんな仕掛けをひたすら作り続ける日々にずっと疑問を持ち続けてもいたんです」

わかりやすく物を売る手段ばかりが求められ、「企業から指定されたものを売る能力がある人が才能のあるデザイナー」と評価される時代に次第になじめなくなってきたというマリーさん。

その頃子どもが生まれたこともあり、仕事は一時中断して子育てに専念することにしました。

数年後、子育てがひと段落したところでフリーランスで仕事に復帰。新しい何かを吸収したくて、仕事仲間と一緒に世界中の国々を訪れ、都会から田舎までを巡りました。でも、どの国に行ってもしっくりこず、悶々としていたそう。そんなときに出会ったのがイギリス・コッツウォルズの小さな村でした。

「コッツウォルズの村を何とはなしに歩いていたら、生活雑貨のお店から、おばあちゃまがひょこっと出てきたんです。肩にショールをかけ、使い込んだ味のあるカゴを腕に下げて、ゆっくり歩きながら『寒いわねえ』とまるで昔からの顔なじみのように話しかけてくれたんです。その瞬間、『これだ！　これを私は日本に持って帰ろう。これを必要としている人たちに届けよう』とひらめいたんです」

そのひらめきをあえて言葉にする

ならば、「心がほわっと温かくなる、国と国との間にも、人と人との間にも、垣根もない飾り気もない、素朴なカントリースピリットとでもいうのでしょうか」とマリーさん。

さらに、コッツウォルズの間口が狭く細長い寝床のような間取りの家や、古いものを愛し、むやみに利便性を追い求めずに使い続ける精神性が、生まれ故郷の京都と似ていると感じたとか。

帰国後、マリーさんはすぐに「ユ・メ・ミ・ファクトリー」という会社を京都に設立します。

企画に合わせてテーマパークを造ったり、アンティークの素材や建材を使ってヨーロッパスタイルの小屋やコテージを建てたり、移動販売車の販売をしたりするのが主な事業内容です。

京都・亀岡の山中に村を造った理由

それにしても、なぜ、京都の山の中にイギリスを思わせる村を造ったのでしょうか。

「もともとは、京都府と亀岡市からこの土地を使って面白い場所を造ってほしいとオファーがあったんです」

初めてこの地に立ったとき、「霧が立ち込め、湿気があって、土と木の匂いが立ち上り、ああ、ここはイギリスだなと直感したんです」とマリーさん。

ついに、日本でイギリスのカントリーサイドを造る時がきたと確信したそうです。

従来のビジネスとは違い、先に売るべき物があるのではなく、土地に引き寄せられて生まれたテーマパーク。それは、マリーさんが若い頃夢見た仕事のありかたでもありました。

ここは、宿泊客だけが立ち入れるスペース。村のパブで1杯。2階には宿泊できる部屋もあります。

「ここはグランマの家だ！」と泣き出すイギリス人も

ドゥリムトンヴィレッジがいかにイギリスのカントリーサイドの雰囲気を醸し出しているか、それを象徴するようなエピソードをご紹介しましょう。

ある日、イギリス人の一行が自転車で山を越えてやってきました。汗だくになりながら、ヴィレッジにあるティールームに入り、アフタヌーンティーを注文しました。すると、体の大きな男性が突然泣き出したのです。

マリーさんが心配になって「どうしたの？」と声をかけると、「軋む床、白い壁、低い天井、家の傾き、スコーンとお菓子の味、すべてがイギリスのおばあちゃんの家を思い起こさせるんだ」と説明してくれたといいます。

マリーさんはそのとき、「ああ、コッツウォルズで感じた、カントリーサイドスピリッツのある空間造りをちゃんと実現できているのかもしれないな」と感激したそうです。

ミルクたっぷりのイングリッシュティーを片手に、どこか懐かしいお菓子をいただきながら、気の置けない仲間とおしゃべりを愉しむ時間。それは、子どもの頃に感じた温かさや安らぎ。ヴィレッジでのティータイムは、誰の中にもある甘い記憶が呼び起こされる体験なのです。

さて、イギリスのカントリーサイドを完璧に再現したかのようなこのヴィレッジは、実は未完成。ひとりでも多くの人を笑顔にするために、新しいプランが日々進行しているそうです。今後、どのような光景が広がっていくのか。考えただけで心が躍ります。

ドゥリムトン ヴィレッジ

スコーンこぼれ話

ドゥリムトンヴィレッジの「ポントオーク・ティールーム レストラン」で食べられるスコーンは、いかにもティールームのスコーンらしく大ぶりで、表面はサクッと、中はしっとりふわっとしています。

レシピはマリーさんが自ら開発したものです。イギリスのストラトフォードの村で食べた味をどうしても再現したくて、素材の選択から配合まで何度も試作を重ねたそう。

「言葉ではうまく説明できないんですが、スコーンを割ったときに、ホロッとひとかけ落ちて、テーブルにバターが染みた、あの感じ！　あのとき感じた感覚を追い求めて、英文の古い文献にもあたり研究しました」

ヴィレッジを訪れるイギリス人から「おばあちゃんの味だ、レシピを教えて！」とお願いされることも多々あるそうですが、レシピは秘密とのこと。ただ、スコーンの水分のヨーグルトがポイントだと教えてくれました。

イギリスのカントリーサイドの昔ながらのスコーンといえば、バターミルクを使うのが伝統的です。バターミルクは、簡単に説明するとミルクからバターを作った後に残った液体のこと。

おそらくヨーグルトを使って、日本では手に入れにくいこのバターミルクの風味を出すべく、日夜スコーン研究に取り組んだのではないかと、勝手に想像するのでした。

ポント－オーク ティールーム レストラン

京都

アフタヌーンティーセット／1人分／2,100円（税別）

時間	土日のみオープン。時間制限なし
茶器	バーレイやロイカーカムなど
カトラリー	ヴィンテージのティーナイフなど
フーズ	サンドイッチ、イギリスの伝統的ケーキ、パウンドケーキ、ジンジャークッキー、ミートパイ、プレーンスコーン
ジャム	オリジナルブレンドのブルーベリージャムとマッカイのマーマレード
クロテッドクリーム	自家製
紅茶	オリジナルブレンド。約13種類から1つセレクト。水は井戸水！を使用
ミルク	高温殺菌のものを冷たいまま
HP	http://dreamton.co.jp/ メニュー内容、システム、価格、時間などは変更あり。詳細はHPで確認してください。

コンサバトリーで紅茶を　それはイギリス人憧れのコージースタイル

大学生の頃、毎日のように眺めていた雑誌のページがありました。

心地よい光が差し込むガラス張りの温室のような空間に整然とテーブルが並べられています。その上にはブルー＆ホワイトのクロスと食器、そして可憐な小花がセッティングされ、片隅には美味しそうなフルーツやジャムが山と積まれたサイドテーブルも見えます。

それは、ロンドンにある小さなB＆Bの風景でした。

この空間はいったい何かしら？　気になって調べてみると、どうやらそれは「コンサバトリー」というものらしいことがわかりました。

「家」と「庭」をつなぐガラス張りの温室

自然をこよなく愛するイギリス人にとって、庭は暮らしの一部であり、家族団欒（だんらん）の場でもあります。

イギリスの住宅の多くは、ゲストをお出迎えする小さなフロントガーデンとは別に、裏側にバックガーデンが広がっていて、そこでアフタヌーンティーを愉しんだり、読書をしたりと、リラックスして過ごす場所になっています。

「一日の中に四季がある」と表現されるほどコロコロと移り変わるイギリスの天気。バックガーデンでくつろいでいると、急な雨に打たれることも珍しくありません。天候や気温に左右されずに、一日中大好きな庭で過ごしたい。そんな願いを叶えてくれる場所が、コンサバトリーなのです。

コンサバトリーはガラスで囲まれた温室のこと。「家庭」という字は「家」と「庭」と書きますが、コンサバトリーはこの「家」と「庭」を結ぶ空間にあります。

コンサバトリーの語源はconserve（保存する）に由来し、その原点は17世紀頃に貴族の間で流行したオランジェリー（温室）に遡ります。

オランジェリーは、イギリスでは贅沢品とされていた地中海産のオレンジの樹木を冬越しさせるためのもの。ケンジントン宮殿のオランジェリーのように、建造物そのものが当時の貴族にとってはステイタスシンボルでした。

18世紀に入ると、果樹や果物を栽培・保存するだけではなく、花や植物なども育てるコンサバトリーがブームとなります。その裏にはプラントハンターと呼ばれる人たちの存在がありました。ハンターたちは一攫千金を狙い、茶の木をはじめ、美しい花や珍しい草木を追い求めて、中国やインドの山奥を駆け巡っていました。

ハンターたちが持ち帰った東洋の植物は、コンサバトリーで大切に育てられ、富と権力を誇示するパーティの場でうやうやしく披露されました。特に希少価値が高い東洋蘭やシダなどには天井知らずの値がつけられ、それらを並べ立てることによって財力を見せつけ、自らの地位を揺らぎないものにすることができたのです。

貴族にとって、コンサバトリーという存在は、レアな植物や季節はずれの野菜や果物を育てると同時に、命知らずのプラントハンターを雇うほどの財力があるという象徴でもあったわけです。

19世紀ヴィクトリア時代、そのブームは中産階級へと広まり、一般の住宅でも庭の一角に小さなコンサバトリーが造られるようになりました。

やがて、室内の延長として、家と庭の中間的な空間へと変化し、居住空間と一体化していきました。

ガラスに囲まれたコンサバトリーに入ると、まるで庭の中にいるかのような錯覚に陥ります。晴れた日は太陽の陽射しとぬくもりを肌で感じながら、雨の日は雫が落ちてゆく風景や雨音を感じながら……。コンサバトリーでのティータイムは、イギリス人にとっても憧れのコージー（居心地のよい）スタイルなのです。

さて、冒頭で触れた、コンサバトリーのあるB&B。どうしても忘れられずに、数年後、オーナーにお手紙を出し実際に滞在することが叶いました。アフタヌーンティーやクリームティーを楽しんだり、読書に耽ってみたりと、暮らすように滞在できるロンドンのお気に入りの定宿となりました。私のコンサバトリー原風景です。

私にコンサバトリーの存在を教えてくれた雑誌の1ページ。

佐倉
マナーハウス

コンサバトリーでアフタヌーンティーを楽しめる丘の上のティールーム

秘密にしておきたい小さなイギリス

イギリスの空気が懐かしくなるとハンドルを握って小さな旅に出ます。行き先は「佐倉マナーハウス」。千葉県佐倉市の一角、小高い丘に続く小径を進むと、森の中に佇む赤い煉瓦造りの英国式邸宅が現れます。

日本にいながら、まるでイギリスのカントリーサイドに来たかのよう。ドアを開けると、スタッフさんたちが温かな笑顔で出迎えてくれ、我が家に帰ってきたようなアットホームな雰囲気に包まれます。

佐倉マナーハウスは、イギリスから海を渡ってやってきたアンティークやヴィンテージの家具、陶磁器、雑貨などが並ぶショップ。レンガ積みの館の奥には大きなコンサバトリーが広がっていて、イギリスの陶器ブランド、バーレイの茶器でアフタヌーンティーが愉しめる素敵なティールームになっています。

コンサバトリーへ入るとすぐに目に飛び込んでくるのが、屋根を突き抜けるように植えられた大きな木。オーナーの岩谷好和さん曰く、「どうしても木を切り倒す気持ちになれず共存できる設計にしました」。このシンボルツリーがあることで、オランジェリーのような温室の雰囲気だけではなく、自然を愛する気持ちまでもが伝わってきます。敷地全体を流れる空気感がイギリスを思わせるのは、建材すべてが英国製というこだわりからでしょうか。

エレガントなコンサバトリーの床

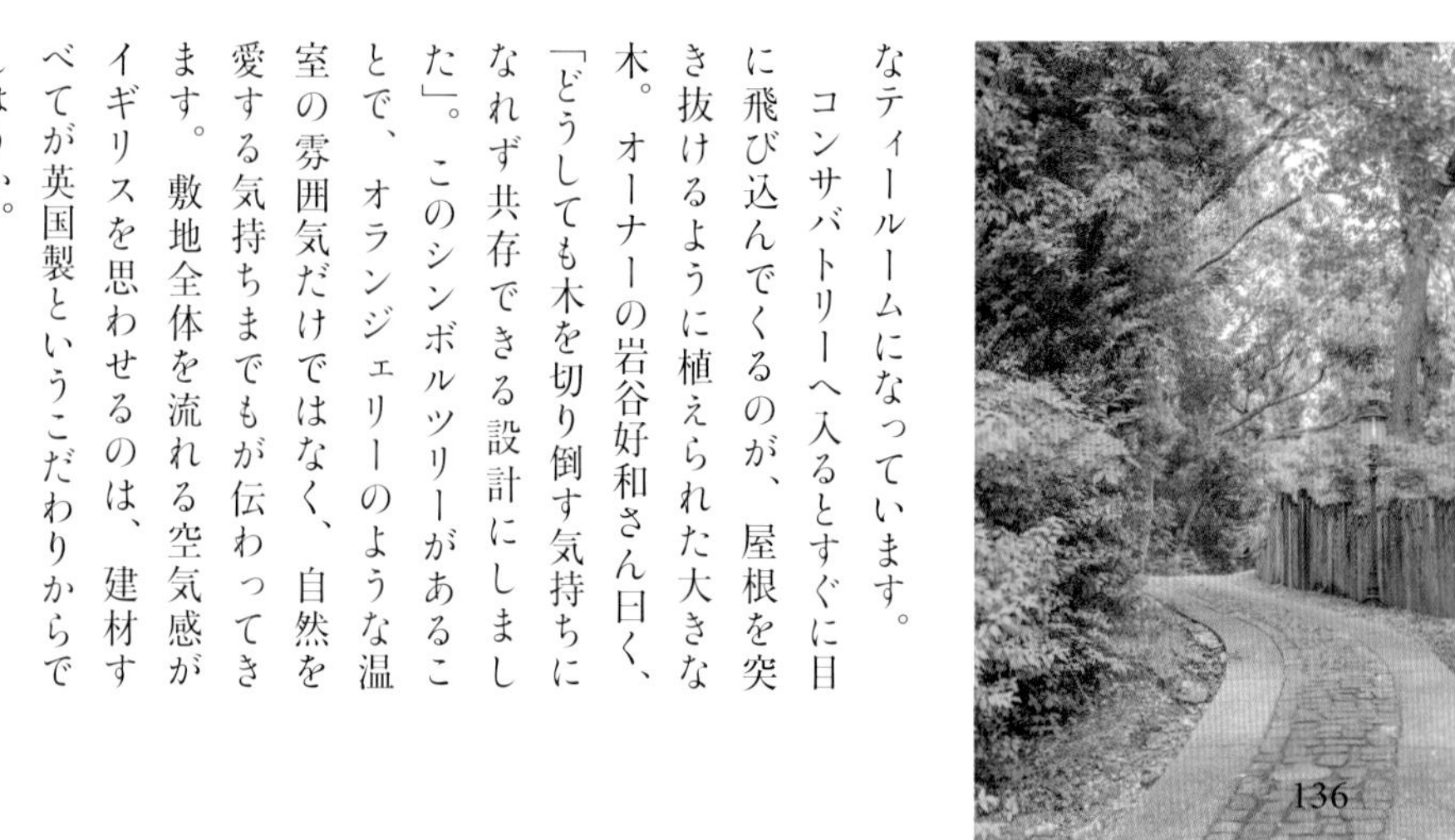

はアムデガ社製。古い教会で使われていた床材をオーナーやスタッフ総出で1枚ずつ施工したそうです。風合いあるヘリンボーンの寄木張りは、イギリスのクラシカルな建物でよく見かけるスタイルです。

そんな床にしっくりなじんでいるのがヴィンテージの木製テーブルと曲げ木で作ったアーコールチェア。これも、イギリスのカントリーサイドのティールームでよく見かける組み合わせです。

ここに立つと、束の間日本にいることを忘れてしまいます。

イギリス帰りのお客様に育てられたティールーム

初めて佐倉マナーハウスを訪れたとき、コンサバトリーにティールームはありませんでした。次に行くと紅茶とお菓子が用意されていました。そして数年前、アフタヌーンティーを始めましたという嬉しいお知らせが届いたのです。

マネージャーの西村さんにお話を伺うと、すべては遠方からはるばる訪ねて来る方々に、少しでもくつろいでいただきたいという気持ちから、進化してきたとのことです。

「成田空港に近いという土地柄でしょうか。航空会社や商社にご家族がお勤めという関係で、イギリスに住んでいたというお客様が非常に多いんです。そんな方々に本場の紅茶の淹れ方から、スコーンの味、ミルクの出し方まで、事細かにアドバイスをいただき、そのたびにブラッシュアップさせてきました」

たとえば、紅茶は英国式ゴールデンルールに従い、汲みたての水をケトルで沸かし、バーレイのティーポットでサービス。イングリッシュティーに欠かせないミルクは、イギリスの味に近い低温殺菌製法のもの

天井から降り注ぐ陽射しが何とも心地いいコンサバトリー。温室ならではの自然の香りやぬくもりを体感してみてください。

上）丁寧にケトルでお湯を沸かして紅茶を淹れます。
下）バーレイのポット。どのシリーズが登場するかはお楽しみ。

を使用し、直接加熱してタンパク質が変性しないよう、温めたジャグに入れて添えています。

「スコーンもね、私はオーストラリア生活が長かったので、大ぶりで甘めなアメリカンタイプのものしか知らなかったんです。でもお客様から、スコーンの味はクロテッドクリームとジャムと合わせて完成するものなんだということを教わりました。いろいろな声を聞きながら、その都度スタッフで調整して、現在のレシピが完成したんですよ」

こだわりのイングリッシュスコーンに添えられているのは、タカナシのクロテッドクリームとイギリス・ヘーゼル家に受け継がれるダルメインのマーマレードという贅沢さです。

アフタヌーンティースタンドに並ぶ焼き菓子も、どれも本場イギリスのティールームの味そのもの。その秘密はというと……。

「お菓子はご近所の『ペイストリールーム』さんに頼んでいるんです。偶然見つけて食べてみるとあまりに美味しくて、頼み込んで定期的に作ってもらうようにしました」

ペイストリールームのシェフの経歴を拝見して納得。ロンドンセレブ御用達として一大ブームを起こしたカップケーキ専門店、Notting Hill Cakes &Giftsが日本に上陸した際に腕を振るい、オリジナルレシピが国内外で採用されたほどの実力の持ち主。

最近では、佐倉マナーハウスのアフタヌーンティー目当てに、わざわざ遠方から来るという人も後を絶ちません。

暖炉のあるショップでのお買い物も愉しい

佐倉マナーハウスを訪れるお客様は、時間をかけてお買い物を楽しんだり、コンサバトリーでゆっくりお茶をしたりと、滞在そのものを愉しんでいます。ショップはバイヤーさんが買い付けに来るショールーム

イギリスのカントリーサイドのティールームのように、テーブルの上に所狭しと並ぶ焼き菓子。ここから好きなお菓子を選びます。

も兼ねていて、イギリスのファクトリーショップのような品揃え。家具や食器、小物までがセンスよくディスプレイされているので、ひとつひとつ眺めていると、あっという間に時間が過ぎてしまうのです。

くつろぎの理由はそれだけではありません。とっておきの秘密がありました。それは大きな暖炉。夏が終わる頃に薪割りなどの冬支度をはじめ、冬が来ると火入れをします。

近所のおばあちゃんや子どもたちは、この暖炉の火を楽しみに遊びに来るそうです。

佐倉マナーハウスは、日本全国から熱心なイギリス好きが集うだけでなく、近郊に暮らす人たちの憩いの場にもなっているのです。その姿はまさに、イギリスのカントリーサイドで地元の人たちに長く愛されるティールームの存在と重なります。

このブルーの棚、どこかで見たことが……と思ったら、タイニートリアさん（P92）にも同じものが。こちらで購入したものだそうです。

ショップには、暖炉があります。冬に備えて、夏のうちに薪割りをします。

ショップに並ぶのは、岩谷さんご一家がイギリス中を回り、独自の人脈で買い付けてきたアンティークやヴィンテージの器、カトラリー、ファブリックやアクセサリー、家具や雑貨類など。

イギリスの湖水地方に佇む、由緒あるダルメイン城。このお城では、毎年世界最大のマーマレードコンテストが開催されています。日本人も金賞を受賞しているのでご存じの方も多いでしょうか。

ダルメイン城には、17世紀から受け継がれてきたマーマレードがありました。そのレシピを城内にあった古い文献から再現させたのが、ダルメイン城の当主であるヘーゼル家の夫人ジェーンさんです。

彼女の尽力により、現代によみがえったダルメインマーマレードは、すべて手作り。数に限りもあり、今まではダルメイン城でしか購入できませんでした。

それがなんと「佐倉マナーハウス」で購入できるようになったのです。ネットショップでも購入できますが、大変な人気なので、手に入れられるかどうかは運とタイミング次第。

日本で手に入るのは5種類あり、おすすめはクランベリーとポートワインが効いた限定の「クリスマスマーマレード」です。

エリザベス女王はじめイギリス人誰もが愛するマーマレード。紅茶に入れても相性抜群です。

ダルメインのマーマレードが、たっぷりかかった焼き菓子。こんな贅沢なケーキが食べられるのは、間違いなくここだけ。

佐倉マナーハウス ｜ 千葉 ｜ アフタヌーンティー／1セット2名～／7,040円（税込）

時間	時間制限なし
茶器	バーレイの「キャリコ」シリーズなど
カトラリー	ヴィンテージのティーナイフなど
フーズ	サンドイッチ2種、本日のケーキ2種、プレーンスコーン
ジャム	ダルメインマーマレード
クロテッドクリーム	タカナシ乳業
紅茶	「ダッチェスグレイ」か「ハイグロウン」の2種から1ポットをセレクト
ミルク	低温殺菌牛乳。温めたミルクピッチャーに入れて常温で提供
HP	https://tasman-inter.net メニュー内容、システム、価格、時間などは変更あり。詳細はHPで確認してください。

EXPERIENCE

スリー
ティアーズ

アフタヌーンティーの新しい形 名物亭主がもてなすティーサロン

「ひたすら編集畑を歩んできた私が、なぜ、なんの経験もない飲食店の経営を無謀にもすることになったのか。自分でもよくわからないんですよ」と、ニコニコしながらぼやくのは「スリーティアーズ」のオーナー新宅久起さん。きっかけは、一軒の古い洋館との出会いでした。

静かな住宅街の中に、ひっそり佇む。有形文化財指定を受ける歴史ある建物。

ひょんな縁から海軍の軍医だった男性が昭和12年に建てたという英国風の洋館に出会ってしまったが最後、何かに背中を押されるように「完全予約制のアフタヌーンティー専門サロン」を開くことになったのだそう。

「最初は、いい場所があるから何かやってはどうかと言われて。でも、何やるのよと思っていたのですが、この建物を見たら、借りませんとは言えなくなっちゃって。そうねえ、ひと目惚れかもしれませんね」

雑誌編集から ティーサロンオーナーへ

ここで少し、新宅さんのご紹介を。

イギリス文化好きなら知らぬ人はいない、イギリス情報誌『ＲＳＶＰ』を約20年間に渡って編集してきた名物エディターです。人生の8割をイギリス文化を紹介する雑誌作りに捧げてきた新宅さん。驚くべきことに、もともとイギリスに興味があったわけではなく、旅行ですら行ったことがなかったそうです。

「車雑誌を作っていたのが、たまたま英国大使館の広報誌の制作に携わることになり、最終的に『ＲＳＶＰ』の前身となる『英国特集』の創刊へとつながりました。何だかわからないけれど、何かに導かれるようにたどりついたこの流れ……。今思えば、既視感がありますね」

私が初めて手にした『英国特集』は2004年の創刊号。当時まだイギリス文化に関するコアな情報を手に入れられる媒体が少なく、特にアフタヌーンティーや英国菓子、インテリアなど、暮らしや食に関する情報が満載だったこの雑誌を、夢中になって読み込んだものです。

誌面を見てわざわざ訪ねてみたイギリスの街やティールームも数知れず。サロンでも紹介し、生徒さんにも大人気の雑誌でした。

そんな日本のイギリス好きたちを牽引してきた新宅さんが、ティールームを開くらしい……。その噂が駆け巡ったとき、「イギリスを知り尽くした新宅さんがどのような演出を手掛けるのか」という興味とともに、「あの本を作った編集長にお会いできる！」という期待感が読者の間で膨れ上がりました。

「新宅節」が発揮された19世紀のティーセレモニー

2019年7月、新宅さんが目黒の住宅街にオープンしたのは、格式高いホテルスタイルでもなく、かといって素朴なティールームとも違う、アフタヌーンティー専門のティーサロンでした。

洋館の扉を一歩入ると、そこには細部に渡って新宅節で染められた、趣が異なるふたつの空間が広がっています。

茶会の格を左右する茶器もそれぞれスタイルに合わせ、ピンクの壁のフェミニンな空間にはストークオントレントで購入した「ダッチェス」。シックな壁のクラシカルな空間には「ウェッジウッド」のイングリッシュレースが、バラとともにセッティングされています。

看板にも描かれているこだわりのスリーティアースタンドは、美しいシェイプが際立つ「アーサープライス」。その上にはイギリスの味を追求した絶品のキューカンバーサンドイッチや、何度も試作を重ねて完成させたオリジナルスコーンなどのティーフーズが並び、随所にまで趣向を凝らしたトータルコーディネートが完成しています。

そして、忘れてならないのは、ホストである新宅さんの「おもてなしの力量」。これこそスリーティアーズの一番の魅力なのです。

ここでいうおもてなしとは、日本のおもてなしとは少し異なります。日本のおもてなしというと、「奥様」が家の奥で裏方に徹し、お客様にたくさんのご馳走を提供した

り、不足や不備がないか采配したりすること。

一方、19世紀の英国式アフタヌーンティーでは、もてなす側のマダムが主役。アフタヌーンティーを取り仕切るマダムには、お茶会が開かれる数時間の間、お招きしたゲストの幸福を保証しなければならないという使命がありました。そこで、ゲストを飽きさせず、緩急をつけ場を盛り立てる手腕が必要とされたのです。

茶道具もティーフーズも、実は手段にすぎません。目的はあくまでも、その場・その時をご一緒した全員が、心を通い合わせ、多幸感溢れる時間を過ごすこと。

ややもすると、家の歴史や格の競り合いや、お抱えシェフを自慢し合うマウント合戦になりがちなアフタヌーンティーの場で、カリスマと呼ばれたマダムたちは、きっ

と人を喜ばせる一流のエンターテイナーでもあったはずです。

新宅さんがこのティーサロンで開くお茶会こそ、まさに19世紀の英国ティーセレモニーのスタイルを継承していると言っても過言ではありません。

ゲストが揃い、ウェルカムティーが用意されると、茶道でいう亭主の口上が始まります。このお店を開くきっかけから、本日のおすすめの紅茶、イギリスの話など、その巧みな話術は、まるで落語を聴いているかのようで、おなかを抱えて笑ってしまうほど。

この面白さだけは、実際に聴いていただかないと伝わりません。まさに「新宅劇場」です。

アフタヌーンティー一期一会

「ティーサロンを開いたときは、飲食業の右も左もわからないまま駆け出しました。お客様にも、素人のやることなので、至らないところがあるかと思いますがご容赦くださ い、なんて言ってましたしね」

それが、あることを境に、心構えがガラリと変わったそう。

「ある日、台風の予報が出たので、お客様方にお電話でキャンセルのご連絡を差し上げていたんです。そうしたら、皆さん本当に残念がって。予約した数か月前から、カレンダーを見ながら毎日のように楽しみにしていたと。日本全国からいらしてくださるので、次はいつ行けるかわからないという方も多くてね」

そこで「そうか、お客様にとっては一生に一度の大イベントなんだ。二度目はないという方もたくさんいらっしゃるんだ!」。そう改めて実感してから、まさに一期一会の精神で、お客様をもてなすようになったといいます。

おもてなしの真髄はホスピタリティー

ティーサービスは、ポットを手に自らテーブルをまわります。

紅茶はフーズとのペアリングも考えられた固定5種と、セレクト2種の最低7杯飲むことになり、「こんなにたくさん飲み比べたのは初めて! 味の違いがよくわかる」と感激するかたも多いそう。

最後のペイストリーを食べ終えると……実はここからがクライマックス。これ以上ひと口もおなかに入らないと思っている頃に、サプライズが登場! 季節ごとに変わるプディング(デザート)のサーブが始まります。何が登場するかはお楽しみ。イートンメスやサマープディング、スティッキートフィーなどさまざまで、みなさま「もう無理!」と言いながらも、ペロリと召し上がるそうです。

食べ終わる頃には、別々のテーブルに座っていたゲストの間にも笑顔が溢れ、一体感が生まれています。

こうして、約2時間半のティータイムを過ごしたあとは、おなかだけではなく、心も満たされて帰途に着くのです。

全国から集うイギリス通や紅茶通から初心者さんまで、同じ空間と時間を共有するゲスト全員がリラックスして楽しめるのも、新宅さんのおもてなしの賜物。それはまさに、茶事を取り仕切る亭主の心配りです。

このように、おもてなしの真髄を味わいながらアフタヌーンティーの本質まで愉しめる空間は、唯一無二のもの。

一杯の紅茶が新しい世界へと続く扉を開けてくれることを体験できる場所なのです。

紳士・淑女の総仕上げ 上質なときめき体験を！

さて、ここまで本書では1冊を通して、アフタヌーンティーは、単に紅茶やお菓子を美味しくいただくだけではなく、「五感で愉しむ生活芸術」ということを繰り返しお伝えしてきました。そのうえで、アフタヌーンティーを味わい尽くすために必要な知識をお話ししてきました。

スリーティアーズはその総仕上げを行う、ふさわしい場所です。ティーセレモニーに招かれた気分で、紳士・淑女のたしなみを発揮してください。

予約をした瞬間から物語は始まります。何を着ていこうかしらとドレスコードを確認、ティーマナーをおさらいし、当日を迎えます。

サロンに到着したら、まずは亭主である新宅さんにご挨拶。館の建築様式、インテリアや茶道具、紅茶やお菓子などに触れ、亭主が紡いだ趣向を堪能します。アンティークやティーカップについて拝見問答をしてみるのも愉しみかたのひとつ。そんな一連のプロセス全体がアフタヌーンティーの醍醐味なのです。

感性を研ぎ澄ませて、見て・感じて・味わう、「上質で贅沢なときめき体験」をぜひ、心ゆくまで愉しみ尽くしてください。

【材料】作りやすい分量

生クリーム(乳脂肪分45%以上のもの)

【道具】

厚底の鍋、底が平たい耐熱容器(ステンレスまたは耐熱ガラスなど。鍋と重ねて湯煎できるもの)、温度計。

【作り方】

1 鍋に水を張り沸騰直前まで熱する。

2 耐熱容器に生クリームを入れ湯煎にかけながら90℃まで温める。表面にクリーム色の膜(クラスト)が張ってくるが、いじらずそのまま温め続ける。

3 90℃に達したら火を弱めて90℃に保ちながら1時間温める。

4 火からおろして室温で冷ます。冷めたら冷蔵庫でひと晩冷やす。

5 上層部に固まったクリームを穴あきのおたまなどですくって、消毒した保存容器に移す。さらに1日ほどおいて完成。

スリー ティアーズ

クロテッドクリームこぼれ話

実は、取材をした日のクロテッドクリームはなんと自家製でした。

取材時は「自家製は確かに美味しいけれど、作るのに3日かかるので続けられるかな」と悩んでいましたが、今は、完全に、自家製へと切り替えたそう。

今回は特別にスリーティアーズのクロテッドクリームのレシピを公開していただきました。

スリー ティアーズ | 東京 | アフタヌーンティー／1人分／6,820円(税込)

時間	木〜日の12:00〜14:30
茶器	ダッチェス、ウェッジウッド
カトラリー	ティーナイフは白蝶貝のアンティーク、アーサープライス
フーズ	サンドイッチ3〜4種、ペイストリー4種、スコーン2種、季節のプディング
ジャム	ジャム作りの第一人者であるミセスベリーさんの手作りジャム
クロテッドクリーム	自家製
紅茶	アールグレイ＆グレープフルーツジュースのセパレートティーやキーマンの香り豊かなオリジナルブレンドなどの固定メニュー5種＋ラプサンスーチョンなどを含む12種類から2種類をセレクト
ミルク	成分無調整牛乳。冷たい牛乳を少し室温に戻してから提供
HP	https://three-tiers.tokyo/ メニュー内容、システム、価格、時間などは変更あり。詳細はHPで確認してください。

Recipe

スリーティアーズこだわりの キューカンバーサンドイッチ

英国式アフタヌーンティーに欠かせないサンドイッチ。きゅうりはヴィクトリア時代、ティーテーブルの貴族と呼ばれ、富と権力の象徴でした。スリーティアーズでも「英国式と謳うからには、キューカンバーサンドイッチは欠かせない」との考えから、丁寧に手間をかけて作っています。

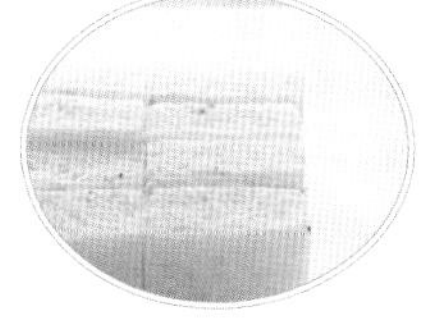

【材料】作りやすい分量

きゅうり…1本
塩…ひとつまみ

A ミントの葉(生)
… 好みの分量(みじん切り)
キリのクリームチーズ
…適量(室温に戻しておく)
レモン果汁…好みの分量

食パン(10枚切り)…2枚

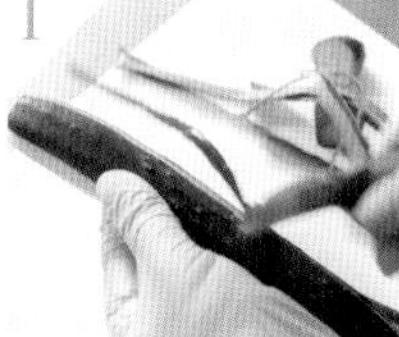

1 きゅうりの両端を切り落として、ピーラーで皮をむく。

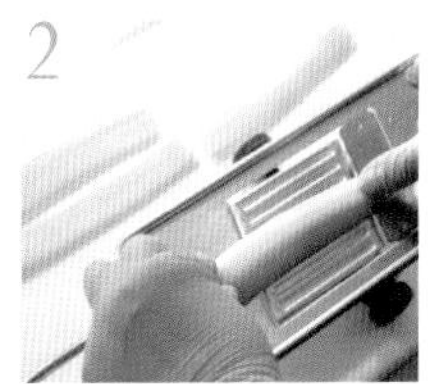

2 きゅうりをパンの長さに合わせて切り、スライサーで薄く切る。

3 容器にキッチンペーパーを敷いて、2のきゅうりを並べ塩をふる。

4 キッチンペーパーをかぶせて10〜15分おく。

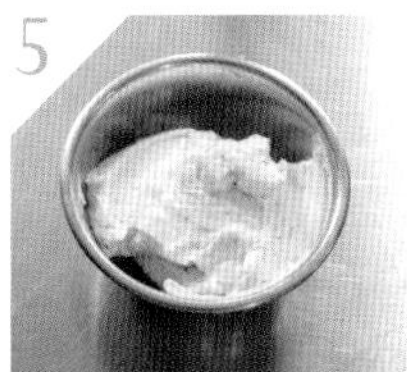

5 Aを滑らかになるまで混ぜる。

6 パン2枚に5を、端までたっぷり塗る。きゅうりを並べる。

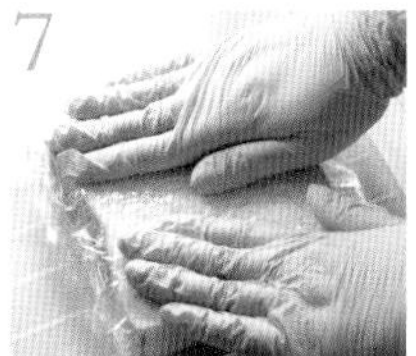

7 6のパンを重ねてラップで包み、軽く押して、30分冷蔵庫で寝かせる。

8 耳を切り落として、ひと口で食べられるように定規で測り3cm×3.5cmに切る。このとき包丁の重みだけで切るとパンが潰れない。

Recipe

レモンドリズルケーキ

レモンドリズルケーキは、伝統的なイギリスのお菓子です。
甘酸っぱいレモンシロップをドリズル＝霧雨のようにたっぷりとかけた紅茶によくあうケーキ。
イギリスでは、家庭で簡単に作っているものですが、スリーティアーズの
シェフ一ノ木理恵さんは、フランス菓子のセオリーをベースにちょっとおめかしした
レモンドリズルケーキに仕上げています。

【材料】縦11cm×横5cm×高さ5cmのパウンド型2台分

バター（食塩不使用）… 80g
グラニュー糖…80g
卵…80g

A ベーキングパウダー…3g
薄力粉…80g

B レモンピール…30g
※スリーティアーズ では自家製のものを使用していますが、市販品でも可。
レモンの皮のすりおろし…1/2個分
リモンチェッロ…適量

C グラニュー糖…60g
レモンの皮のすりおろし…1/2個分
レモン果汁…1/2個分

D 粉糖…80g
レモン果汁…小さじ3

レモンピール（飾り用）…適量

【下準備】

- バターを室温に戻す。
- Aをふるい合わせる。
- Bを混ぜ合わせてしばらくおく。
- オーブンを160〜165℃に予熱する。

1

ミキサーにバターを入れてよく練る。柔らかくなったらグラニュー糖を入れて、滑らかになるまで混ぜる。

2

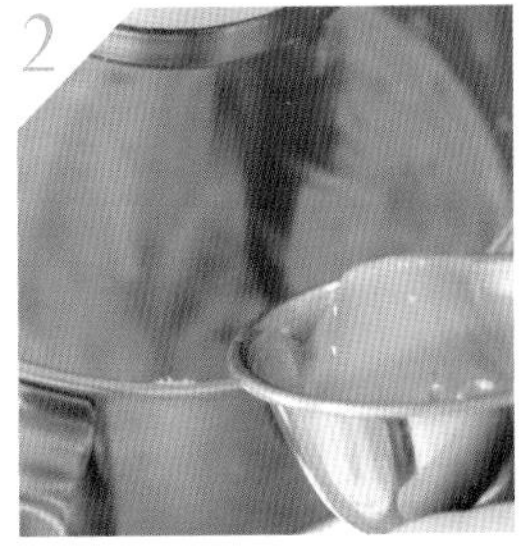

1に卵を数回に分けて入れ、白く滑らかになるまで混ぜる。分離しないように注意。

3

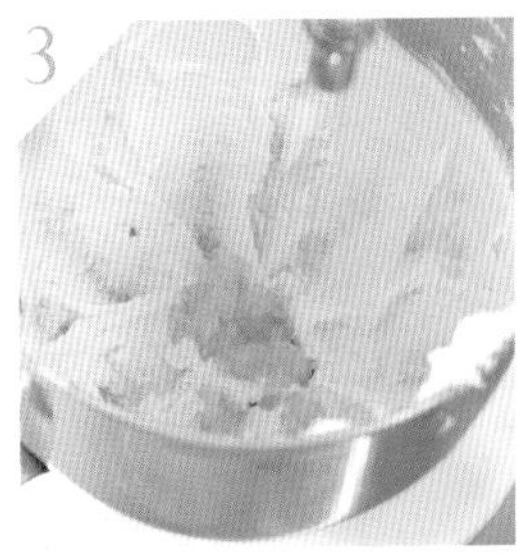

2にBを入れてよく混ぜる。

4

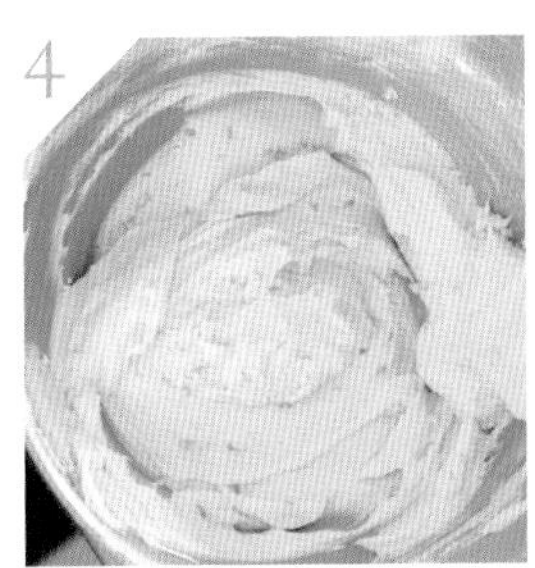

ふるい合わせたAを3に一度に入れて、ゴムべらでしっかりツヤが出るまで混ぜ合わせる。

5

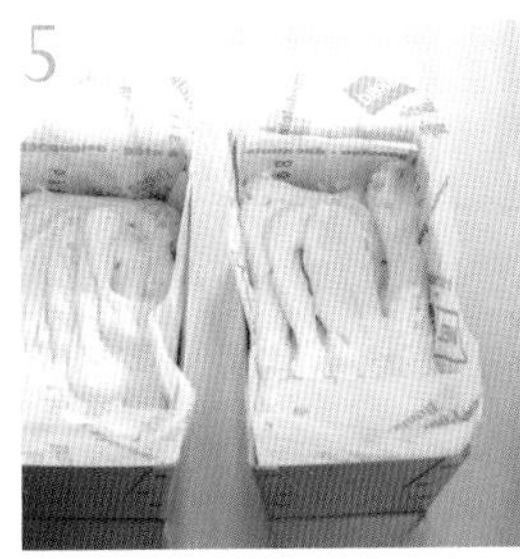

絞り袋に4を入れて、オーブンシートを敷いたパウンド型に絞り出し、表面をならす。

6

5を予熱しておいたオーブンで20〜30分焼く。竹串を刺して生地がついてこなければOK。

7

Cを混ぜ合わせてハケで6の表面に塗る。

8

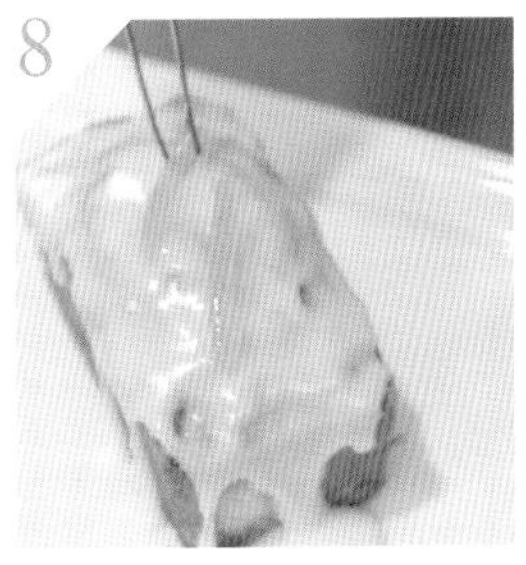

Dを混ぜ合わせてアイシングを作り、ケーキの上から全体にかける。仕上げにレモンピールを飾る。

19世紀ヴィクトリア時代のアフタヌーンティーメニューを再現

公爵に手紙を送る

アンナ・マリアによってはじめられたアフタヌーンティー。初期の頃は、空腹をしのぐための紅茶とバター付きのパンからはじまり、友人を招くようになると、ティービスケットやプティフールなども添えるようになります。

アンナは天性の社交家で、毎日のようにおもてなしを愉しみました。特に、〈ヴィクトリア女王をお招きしたウォーバンアビーのアフタヌーンティー〉という評判は瞬く間に貴族のソサエティー内に広まり、ゲストが次々と館を訪問。実際、彼女の日記にはアフタヌーンティーに関する記載が7000回以上あり、1859年には12000人にも及

19世紀
アフタヌーンティー再現
メニュー

サンドイッチ5種

キューカンバー＆ミント
チェダーチーズ＆チャイブバター
エッグ＆クレス
スモークサーモン＆パセリ
ローストビーフ＆クレソン

ドロップスコーン1種

ペイストリー6種

ヴィクトリアスポンジ
バッテンバーグケーキ
プリンス・オブ・ウェールズケーキ
イングリッシュマドレーヌ
フルーツタルト
エクレア

ビスケット6種

プティフール・セック
アーモンドシェービング
シュルズベリービスケット
バニラショートブレッド
ジャムタルト
ベルフォード

(上) お菓子を盛りつけた銀器イパーンは、フランス宮廷の王侯貴族たちの愛用品で、当時のマダムたちの憧れの品でした。(中) サルヴァの上にはティーキャディーとキャディースプーン。(下) スターリングシルバーのティーセット。ティーポットのつまみ部分がパイナップルの細工になっていてヴィクトリアンらしい。

ぶゲストをもてなしたという記録があるほどです。

おもてなしが増えると同時にメニューにも工夫が凝らされるようになり、種類や品数もだんだんと増えていきました。

今回、19世紀のアフタヌーンティーを再現したいと考え、もしかしたら館のどこかにレシピが残されているのでは……、と淡い期待を込めてウォーバンアビーに暮らす第15代ベッドフォード公爵にお手紙を差し上げてみました。

サンドイッチ Sandwiches

キューカンバー＆ミント、
チェダーチーズ＆チャイブバター、
エッグ＆クレス、スモークサーモン＆パセリ、
ローストビーフ＆クレソン

アフタヌーンティーに供されるサンドイッチは「ティーサンドイッチ」と呼ばれ女性の華奢な指先でつまみ、一口でいただける3cm程度のサイズが基本です。パンはホワイトとブラウンの2種類を用意し、葉っぱのように薄く（数値で表すと1/4インチ約6.3mm以下）スライス。フィリングは伝統的なキューカンバーからはじまり、海の幸・山の幸など5～6種類用意し、なるべく薄く仕上げます。

Scones スコーン

今回は、オーブンを使わずにグリドルで焼き上げるオールドファッションのドロップスコーンを再現しました（P83）。
スコーンはサンドイッチを食べ終える頃を見計らって焼き上げ、温かい状態を保ち、ゲストにサービスします。奥に見える銀器はスコーンウォーマーと呼ばれる専用の銀器。プレートを取り外し、下の器にお湯を入れて蓋をすると、熱伝導で全体が温まり、保温状態のままティーテーブルに運ぶことができます。

ミドルクラスが憧れたアフタヌーンティー

実は、アフタヌーンティーのスタイルはひとつではなく、階級ごとに違いがあります。

貴族の社交から始まった優雅な習慣は、ヴィクトリア時代後期になると階級を超えて広がりをみせ、貴婦人に憧れたミドルクラスのマダムたちが、いち早く真似事をはじめました（P13）。

心ときめかせながらアフタヌーンティーに関する書籍や雑誌を読み込み、あれこれ想像を巡らせ、見よう見まねでお茶会を催す……、そんなシーンを思い浮かべただけで胸が踊ります。

もしかしたら、アフタヌーンティーという新しい文化を心から愉しんでいたのは、この階級のマダムたちなのでは？と密かに思うほどです。

今回は、そんなミドルクラスのマダムになったつもりで、「ちょっと背伸びして一生懸命しつらえた憧れのアフタヌーンティー」をテーマに再現してみました。

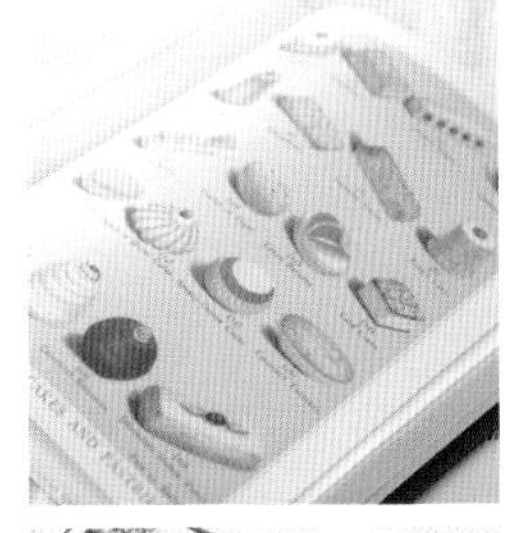

参考にした古書
「The Victorian Book of Cakes」

Pastries ペイストリー

ヴィクトリアスポンジ
バッテンバーグケーキ

憧れのヴィクトリアンティー

19世紀のアフタヌーンティーを再現するにあたり、当時のレシピ書を紐解きながらお菓子を作りました。

参考にした古書は「The Victorian Book of Cakes」。19世紀から20世紀への変わり目に出版された本を復元したもので、プロの菓子職人に向け書かれたレシピ集です。

最初に目を通してみて驚いたことがふたつ。

まず、100年前のお菓子なのに、現代とそれほど変わらないクオリティーということ。英国菓子の基盤は、すでにこの時代に完成されていたことが伺えます。

次に、フランス菓子のレシピが多いこと。P33にも記載した通り、英国貴族の間でフランス料理や菓子こそが世界一とされていた時代、イギリスの菓子

アフタヌーンティーのお菓子は、食事のあとのデザートとは明確に区別され、手でつまんでいただくことができるフィンガーフードが基本です。用意するのは生菓子や焼き菓子、ティービスケットも含め、少なくとも3種類以上、階級があがるごとにその数は増えていきました。サイズは小ぶりに仕上げられ、パウンド型のケーキをスライスする場合は8㎜以下、ホールケーキを切り分ける場合も4㎝以下、タルトやシューも一口で入る約3㎝程度が目安でした。

プリンス・オブ・ウェールズケーキ、イングリッシュマドレーヌ、フルーツタルト、エクレア

職人たちは、このような本を参考にして、繊細なフランス菓子を習得していったのでしょう。

オールドファッションの追求

レシピは敢えて現代風にアレンジすることはせず、できるかぎり忠実に再現することを心がけました。

マジパンやアーモンドプードルも一から手づくりし、昔ながらの手法で木べらやフォークを使って混ぜて作りました。

戸惑ったのはフードカラーです。たとえば、伝統的な英国菓子の「バッテンバーグケーキ」のメソッドには「生地に赤い色をつける」としか記載がありません。赤い色と聞いて、まず思い浮かんだのがビーツです。野菜のビーツを乾燥させて粉にして入れてみたのですが、焼成時に色が飛んでしまい鮮やかなピンク色になりません。そこでさらに調べていくと、何とこの時代にすでに食用色素が用いられていたのです。

Biscuits ビスケット

「赤色はカイガラムシという小さな昆虫のメスの体を砕いて作られた天然の色素Carmine カーマイン」と書かれていました。昆虫なんて——と思っていたら、現代でもコチニールとして普通に使われていると知り、二度びっくりしました。

ヴィクトリア時代の古書から学ぶ伝統と洗練

さて、冒頭でお話した公爵へ送った手紙。半年が経った頃、秘書のかたから「こちらで調べてみます」とご連絡をいただいたきり、残念ながらお返事は、まだありません。

ただ、そのお手紙のなかに「参考になるか分かりませんが、ロンドンにあるヴィクトリア&アルバート博物館のティールームで、19世紀のアフタヌーンティーを再現したメニューが提供されています」との情報が書かれていました。ぜひ現地取材をとアポイントメントを取り、航空券も予約したのですが、

高貴なお茶会を象徴するビスケットも必ず用意されました。この習慣は、英国にお茶が持ち込まれた17世紀から受け継がれるもの。高価な砂糖と白い粉をふんだんに使ったビスケットとお茶のペアリングは贅沢の極みとされていたのです。アフタヌーンティーに好まれたビスケットは、フランス語の「小さなオーブン」から由来するプティフール・セックと呼ばれる繊細なティービスケット。真っ白でキメ細かな小麦粉に砂糖やバターをたっぷり混ぜこみ、口溶けのよい軽い食感に仕上げます。
可憐で華やかなティービスケットは、専用の銀器に盛りつけられテーブルを彩りました。

ティービスケットのための銀器。

その後の感染症による影響で渡英が叶いませんでした。

気を取り直し、イギリスから文献や資料を取り寄せ、ひとつひとつ紐解きながら、銀器や食器を揃え、お菓子を焼き、ティーテーブルをコーディネートしていきました。

19世紀の古書はレシピだけではなく、多くのことを物語っていました。

英国が一番華やかな時代のお茶会、ヴィクトリアンティーのシーンが垣間見えただけではなく、時代の大きな節目を生きた女性たちの息吹までをも感じることができ、生活芸術の大切さ、奥深さを味わうことができました。

ヴィクトリア時代のアフタヌーンティーに使われたマホガニー製スタンド。

Epilogue

アフタヌーンティーの世界を知ることで日々の何気ない暮らしが輝いていく

一杯の紅茶を通して、「暮らしを愉しむ生活芸術」をお伝えしたい。

そんな思いで英国式紅茶教室をはじめ、気がつくと20年以上もの月日が流れました。

大好きな紅茶をライフワークにできたらと、夢を膨らませて渡ったイギリス。

紅茶留学を通して学んだ一番の収穫は、茶葉の知識でも淹れ方の技術でもなく、紅茶から広がる奥深い文化に触れられたことでした。

紅茶の国に暮らしてみると、それまで抱いていたゴージャスなイメージとは裏腹に、簡素ともいえる普段の生活がありました。

日常の中にティータイムが息づき、一杯の紅茶から幅広い学びやコミュニケーションが広がり、日々の生活に潤いのあるエッセンスを与えてくれる。

そんな心地のよい暮らしの積み重ねこそが、幸福感で満ち溢れた生活芸術の本質なのだと知ったのです。

なぜ、アフタヌーンティーは時代を超えて、こんなにも私達の心をつかんで離さないのでしょうか。

長年、多くの生徒さんと接して感じるのは、アフタヌーンティーという「ちょっとだけ特別な、ときめき体験」がもたらしてくれる大きな変化です。

アフタヌーンティーの魅力はテーブルの上だけに留まりません。

「五感を使って愉しむ」ことを心がけるだけで、興味の視点がテーブルの上の紅茶やお菓子から空間全体へと広がります。

ときめきの波動を家に持ち帰ると、おうち時間も変わります。
美味しい紅茶を淹れたらティーカップやカトラリーにもこだわってみたり、手作りのケーキを焼いたら、お菓子の歴史や背景を調べてみたり、そんな些細なことでも暮らしに彩りが添えられてゆきます。

映画やドラマ、小説の中でも、今まで見過ごしていたインテリアや食器に目が留まったり、執事の立ち居振る舞いや領主との関係性が気になったりと、一歩踏み込んだ視点でいろいろなものが見えてくるはずです。「ダウントン・アビー」や「シャーロック・ホームズ」、「名探偵ポワロ」など、見返してみると新たな発見があるに違いありません。

暮らしの中の細部に興味を持ち、幅広い知識を身につけることで、自然と引き出しが増えてゆき、気がつくと自分の美意識も磨かれ、日常が変わります。

日常が変われば人生も変わり、今まで目にしていた景色まで違って見えてくるものです。

紅茶を通じて豊かな暮らしへの扉を開けてみてください。
その向こうには、今まで目にしたことのないキラキラと輝く世界が広がっていることでしょう。

藤枝理子

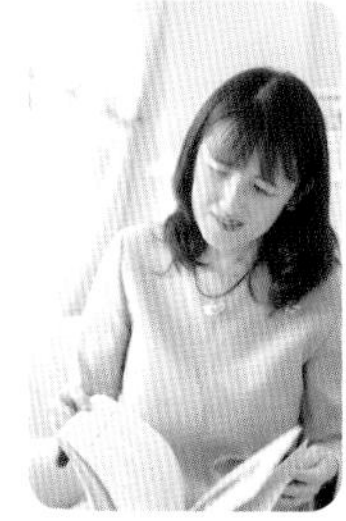

藤枝理子（RICO FUJIEDA）

アフタヌーンティー研究家。大学卒業後ソニー株式会社に勤務。結婚後、紅茶好きが嵩じてイギリスに紅茶留学。帰国後、東京初サロン形式の紅茶教室「エルミタージュ」を主宰。予約のとれない人気サロンとして話題となる。現在、テレビ、雑誌をはじめ、大学での講演会や企業コンサルタントとしても活躍中。著書に『もしも、エリザベス女王のお茶会に招かれたら？』、『ようこそ、アフタヌーンティーへ 英国式5つのティータイムの愉しみ方』（ともに清流出版）、『プリンセスになれる午後3時の紅茶レッスン』（メディアファクトリー）、『予約のとれないサロンのつくりかた・育てかた』（辰巳出版）などがある。

https://www.instagram.com/rico_fujieda

撮影／山下コウ太、石川奈都子
デザイン／田山円佳（スタジオダンク）
イラスト／おぐらきょうこ
校正／ケイズオフィス
撮影協力／英国アンティーク Rose Cottage、池田香織
企画・取材・編集／斯波朝子（オフィスCuddle）

国内のティープレイスを訪ねて探る、淑女紳士の優雅な習慣

英国式アフタヌーンティーの世界

2021年9月16日 発 行　　NDC596
2023年2月 6 日 第4刷

著 者 藤枝理子
発行者 小川雄一
発行所 株式会社 誠文堂新光社
〒113-0033 東京都文京区本郷 3-3-11
電話 03-5800-5780
https://www.seibundo-shinkosha.net/
印刷所 株式会社 大熊整美堂
製本所 和光堂 株式会社

ISBN978-4-416-62013-7